U0856677

刘申宁 著

谈笑有鸿儒

海天出版社（中国·深圳）

图书在版编目（CIP）数据

谈笑有鸿儒 / 刘申宁著. —深圳 : 海天出版社, 2014.8

（本色文丛）

ISBN 978-7-5507-1101-3

Ⅰ. ①谈… Ⅱ. ①刘… Ⅲ. ①社会科学—文集 Ⅳ. ①C53

中国版本图书馆CIP数据核字(2014)第110604号

谈笑有鸿儒

TANXIAO YOU HONGRU

出 品 人　陈新亮
责任编辑　李向群
责任技编　梁立新
责任校对　黄海燕
封面设计　李松璋

出版发行　海天出版社
地　　址　深圳市彩田南路海天综合大厦（518033）
网　　址　www.htph.com.cn
订购电话　0755-83460293（批发）　83460397（邮购）
设计制作　深圳市龙墨文化传播有限公司 (0755-83461000)
印　　刷　深圳市华信图文印务有限公司
开　　本　889mm × 1194mm　1/32
印　　张　7.375
字　　数　151千
版　　次　2014年8月第1版
印　　次　2014年8月第1次
定　　价　29.00元

刘申宁，1952年出生于上海，毕业于复旦大学历史系。多年从事中国军事史、中国近代史的教学与研究，主持多项国家课题的研究，曾应邀在国内各院校和港、台等地访问讲学。近年来，担任香港凤凰卫视时事评论员。

目 录

演讲箐华

阅读札记

文史随笔

文化观察

演讲菁华

读书说话写文章

讲课是一门艺术

读书说话写文章

编者按：此文为刘申宁教授在联合国教科文组织规定的第12个世界读书日前夕参加深圳市宝安区图书馆组织的专场演讲。文后附与听众交流内容。

今天和大家谈一谈这个人人都懂的题目。由于明天是第12个世界读书日，深圳市宝安区图书馆给我出了个命题作文，叫我讲“读书、说话、写文章”。今天和大家谈谈我个人的一点体会。其实，这三件事人人都会，没什么困难。如果说这三件事中什么最难，好多人会说写文章最难。其实，最难的是说话。因为话说出去，你就没办法改了，话一说多了，你就没得说了，所以最难。三件事我一件一件地谈。

第一个讲“读书”。前天《深圳商报》和特区文化研究中心在深圳书城“尚书吧”开了一个沙龙，题目叫做“重温经典”。我也凑数去谈了谈对读经典的看法。我认为，读书首先必须要解决四个问题。好多人是买了一本书拿起来就看，其实并非如此。读书有四个问题：第一，读什么书？第二，怎样读书？第三，读书中的什么？第四，读书的品位。这四个问题是读书过程中必须要回答的问题，这四个“读书问题”可能有的人接触过，可能有的人干脆就不知道，却也读了一辈子的书。

先讲读什么书？不是所有的书都可以读的。前天我碰到书城的老总，我跟他说："现在你那个书城卖的书很大一部分不值得读，值得读的书很少，能不能买得到还不一定。"所以读什么书成了现在所有读书人一个大的问题。随着科技的发展，阅读纸质读物已经成为一种奢侈了。人们现在已经由读书转向了读"屏"。《中华读书报》说现在是"三屏"时代——手机屏幕、电脑屏幕、电视屏幕。现在大家读"屏"不读书了，纸质的书本不再引起大家太多的关注了。这是一个新的情况，也是科技发展到今天的时代变化。而且现在的读"屏"，已经由读字改为读图，现在是图像时代，大家对文字的兴趣不大。怎么认识这个问题，这是一个大问题。现在大家都不知所措，我们原来读纸质本方块字的书生，现在真正感觉到有点危机了。

读什么样的书？这个问题给我们一个很大的问号。参加去年"深圳读书月"，有记者让我介绍一下读什么书。我大体讲了三个类别。我觉得读书是分层次的，有一部分层次比较低的，比如说高中生或者大学一、二年级的学生，他们需要了解一些知识，从书本里学到一些美的感受，生发一点美好的情趣。这方面有比较好的书，如余秋雨、周国平、董桥、余光中等人的书都不错，很美，文字写得挺好，有时候又说出一些你想说又说不出的话。这是一个层面，这个层面的读书普及的内容很大。

另一个层面是比较高的层面，就是有思想性养分的这部分书。目前中青年的学者很多，像余英时、秦晖、朱学勤等；老一辈的学者也有一些，如钱穆、饶宗颐，包括牟宗三、熊十力等，他们的书当中有自己独立的见解，有自己完整的思想体系。在读这些书的过程当中，你会吸取思想的养料，它对你思考问题、认识问题、分析问题是极有好处的。所以读书是分层次的，你达到了哪个层次，就去读哪一个层次的书。你说，我现在虽然是高中生，但我愿意读熊十力的书《新唯识论》，你读不懂，你看不了两页就烦了，不信你就试试。所以读书是有层次的，每个人在某个层面读这个层面的书。你也可以跳过这个层面，但是这要求你要很努力地学习和探究。这是读什么书。

读书的方法，我觉得有两种：一种是吃书。吃书不是把这本书撕开吃掉，那是新中国成立前地下党干的事，现在的"吃书"是你要把书中的内容吃掉。第二种方法是品书，拿过一本书来，慢慢地品，品滋味。像江西人吃"煌上煌"的鸭脖子，那鸭脖子里面净是骨头，没什么吃的，就是嚼那个味道。书也要嚼那个味道，能嚼出味道的好，嚼得时间长的，你就觉得很有意思，你就觉得这个书好。可以说，目前相当一部分书是既不值得品，也不值得吃。能值得品的书也好，能值得吃的书也好，都是好书。

现在，人们对读书有一种懒惰的情绪。这几年屏幕上最红的，像于丹、易中天，已经成为一个现象。实际上人们在说这样一个道理：让于丹和易中天去读书，我们去读于丹和易中天。这叫穿别人的鞋，走自己的路，让他们去说吧！可是谁出头就骂谁，在学界，他们说于丹这个人根本读不懂孔子、庄子，还上台讲，讲了半天，以其昏昏，使人昭昭。不是有十个博士向她挑战吗？坦率地说，目前我们的学术需要普及，于丹和易中天做出的贡献是不可磨灭的，历史会记住他们。让别人替我们读书，这是现代人懒惰的一种表现，这种情况如果发展下去，读书将会渐渐地改为读提要了。那样读书越来越读不准，势必离经典越来越远。那天讨论“重温经典”的时候，当时我说，现在能读得懂古文的人已经很少了。现在你文言文过了关，可以免试外语晋职称。这是我们中华民族自己的语言，可是已经凋零衰落到这个程度。对中国文化，中国传统的这些东西进行温习，应该说现在已经非常迫切了。要不了几年，我们的文言文就和火茶努文一样，成为死亡文字，过去古人在文言文中阐述的道理也势必离我们越来越远。

由于老是希望别人替我们读书，我们现在很多人已经不会读书了，这个不会读书已经是很大的问题了。我给大家举一个例子，前年在深圳的麒麟山庄召开了第七届《孙子兵法》国际研讨会，来了世界七个国家和地区的专家，我们国内一大批专家也参加了这个会议。会议的规格很高，北京来了一大批上将、中将，还有海内外的一批老专家，头发都是白白的，虽然研究的是“孙子”，可是自己早已经变成“老子”了。这些老专家在阐述《孙子兵法》这部书的时候，存在着很大的争执。其中我参加讨论的那个组有两个老先生，头发已是花白，属于宋襄公不擒二毛之类。他们阐述了一个观点，说《孙子兵法》是一部世界和平宣言。我当时大吃一惊，《孙子兵法》怎么成了世界和平宣言？他说这是中国最早的一部和平宣言。孙子不是讲打仗，他是要制止战争。然后我就有点沉不住气了，我这个人一听到这个就毛，当场就提出了反驳意见。结果从第七届《孙子兵法》国际研讨会，一直到去年的香港中国军事思想研讨会，我两次会都参加，两次会都与人争论这个问题。当时我就很简单地说了一个道理，我说《孙子兵法》讲的是什么东西，就是“战而胜之”，他讲“不战而屈人之兵”，那个意思不是说我是和平主义，他是说我不打，是说不用打你就屈服了。你给我跪下了，靠我的威力把你震慑住，不打仗可以，但是你得屈服于我。不一定非要我动手你才能屈服于我，我的威力要达到迫使你屈服这样一个程度，这个是和平主义吗？美国现在搞核威慑，就是这个东西。所以孙子他的战略思想就是用一种更大的力量把你震慑住，让你就范。这是什么？这是更高层次的战争，兵不血刃了，但是仍然要战胜你，打败你，这是孙子的思想。孙子为了战胜敌方，不择手段，示形于东而击于西，使用各种办法取胜。后来从这里演变出来36计，36计其实和《孙子兵法》完全不一样，它是战术层面的，《孙子兵法》是战略层面的。我说你们要研究和平主义，你看《孙子兵法》干什么？你看《道德经》和《庄子》算了，你干吗看《孙子兵法》。你跑到这里来解释孙子，有饭吃吗？所以李零（北大教授）就很生气，写了一篇文章骂这些人，说这些人“吃孙子，喝孙子，真他妈孙子”！不是这些老先生他们不懂孙子，而是他们把孙子读偏了，抓住了《孙子兵法》中的一个慎战思想——兵者，国之大计，要慎重为之。“慎战”这一个思想并不代表《孙子兵法》全部思想的核心。前天深圳有一个《孙子兵法》研究会，我去跟他们讲，我自己最感兴趣孙子的两个思想：一个是“全胜”，他是一点尾巴不留，要全胜。第二个讲“势”的理论，势就是势如破竹的势。对于“势”的理论，我们现在研究不够。《孙子兵法》讲的这个理论很深奥，很有意思。《孙子兵法》被一些人给读歪了，被读成和平主义的宣言，完全跑题了。这是不会读书，目前已经是一个大的问题了。

读书中的什么东西？概括来说是读书中的三个方面：第一，读他的观点，他告诉你什么观点；第二，读他的方法，他是用什么方法告诉你这个道理的；第三，读书中的材料，他用什么材料来论证这个道理的。这三点是书里最有用的东西，如果这三点丢掉了，这本书基本不用读，没有价值。

我说会读书的人，读书读久了，读书的速度将非常快，比如说一部30万字的学术著作，这么厚的一本书，可能有的人要读一个星期才能把它读完，但是你要是会读的话，两个小时就可以看完。等你放下这部看完的书，你要能讲出这部书说的什么，用了什么方法，他有什么新的材料。你能把这三个内容讲出来，这本书的精髓就你就吃到了，这就有用了。所以阅读的速度可以非常快。你来到宝安图书馆，打开库房进去，从早上到晚上，坐在那儿八个小时，可以读四部学术著作，可以把弗洛伊德的《精神分析引论》《梦的解析》统统看完。有了这样的阅读速度，你就不愁看不完图书馆的书。我的老师蔡尚思在我读大学的时候说他年轻的时候就已经把南京图书馆的书看完了。当时我们做学生的肃然起敬，怎么可能？有点吹牛吧。其实看完一本学术著作并不难，关键是你要看什么？读书并不是一个字一个字抠，那你是傻子，写书的人是骗你的，真正有用的东西在这本书里并不多，其他地方全是掺的水，形容词、乱七八糟的状语，那些不用看，你就把里头最有

用的东西找出来。这三个东西怎么抓，我给大家讲一个窍门，也是我读书的体会:

第一个是谈观点。你拿过一本书来，你先翻到内容提要（一般几百字，300字左右），看完内容提要你就可以知道这本书究竟要讲什么东西。然后你去翻书的目录，你就知道这本书是分了几个层次来讲的。做完这两个步骤，大概的情况就了解了。了解了以后，你就看这个目录里，哪一个章节、哪一段是这本书讲这个中心思想的关键内容，然后挑出来。一般人写书的特点，习惯每个段落第一句话或最后一句话是这一段落总结概括的语言，记住这个特点，所以这一句话读完，后面的话统统略去，不要读了。然后几个段落形成一个知识板块，这个板块的最后一段是这一个章节的小结，你把这一段读完，就知道这个章节说的是什么了，就知道作者的意思是什么了。你干吗从头读到尾，不需要了。你知道这本书重要的观点阐述了些什么，其实很短的时间就可以把它拿出来，拿出来以后，就知道这本书的主要思想，这就够了，其他可以不要，略去不读。

第二个是谈方法。他是用什么方法把这个观点推导出来的，比如他是用逻辑演绎的办法，或是用历史推理的方法，还是用反复考证的办法，还是用归纳的办法，这在它的纲目当中大体描绘出了一个眉目，然后在每个章节中，你就一个一个去看他推导原理上所用的方法，这个在每一个段落上看几句就够了。明白这个方法以后，就知道他这个方法有没有新意。我给大家说，现在为什么很多书不值得读？就是方法是抄人家的。观点是从网上来的，方法也是从网上来的，最后材料也是从网上来的，这样的书还有什么好读的？这些书的内容你都知道，猜也猜得到，你翻它十分钟基本就知道了，不值得读了。这是第二个，把方法搞清楚，他是怎么推导出这个结论的。

第三个他用了什么材料。不管是学术著作还是理论著作，写这本书你总要用材料来论证你的观点，用了什么学术材料，你就要看什么。这里不是读他的正文，而是看他的注脚，每一页的页末有脚注，每一个篇节完了他有注释，你去看他注释所使用的书，引的书目或者材料是不是你没有见过的，如果是你没见过的，这本书里面有新东西，如果这些材料都是你看过的，都是你很熟的东西，你就知道这本书在炒冷饭，是在用过去的老材料炒冷饭，所以不可取，这本书有没有价值，你就可以做出判断。

这三点就是读书的关键，观点、方法、材料，这三点你抓住了，这本书其他的东西你通通不要看了。吃书就是要吃这三个东西，把这三个东西抓住了，这本书基本的东西就跑不了。所以我们说读书中的什么？要读这个东西。在读书的同时，你还要积累。如果读书不积累，不做卡片，不做笔记，这个书就白读了，那是在品书，没有达到吃书的目的。

我在大学读书的时候，我的老师教给我一个办法，说你每读一本书，要做一个读书笔记，做一张卡片。我就从那个时候开始做读书的卡片，找一个纸条，当时我是这样分类的，书就是BOOK，就是B1、B2、B3、B4，现在排到700多，B701、B702，这是一个序号，下面写上书名、作者、印数、出版时间、出版社。这个卡片告诉你，你读过的这本书的基本状况。你每做一个这样的卡片，就代表你吃过一本书。卡片的背面，我要写上这本书中所使用的观点、方法、材料是什么，我后面列几条。这样我读过的书就有一张卡片。你这一辈子究竟读过多少书，你将来积累起来就有多少张卡片。将来人家说我研究一个什么问题，我不知道读什么书，你给我推荐几本书。你马上就可以从卡片里找出来，这本书什么时间出版的，什么地点，哪个出版社，一共印了多少，定价多少钱，谁写的，通通清楚。学生说你脑子怎么那么好用，什么都记得。其实不是我脑子好，这是卡片起了作用，老师没什么能耐，就是随时读随时做。看一个重要的学术论文，也给它做一个编号，也做一个这样的卡片，论文发表在哪一本杂志，第几页，多少字，谁写的。就这个东西，很简单的一个小卡片。做一张这样的卡片不起任何作用，但是你坚持做下去，做上二三十年，你就会发现这些小卡片建立了你自己读书的一个知识框架，这个东西非常有用。现在这个卡片对我最有用的是什么？比如说我要研究甲午战争当中清军北洋水师购买军舰花了多少钱，这个钱数不可能在一个材料中告诉你，可能在几十个材料里告诉你。这样我可以做一个表格，把每一个材料所涉及的数额都排在上面，最后在备注这个栏里，把卡片的号放在里面，我可以检索，这样就连出处，带数目全部在这里都可以统计。你要是不做这个读书卡片，就没有办法做最后检索的出处记载。这个是积累，积累卡片。

第二个还要积累语言的词素。语言它是由一个一个词汇累积起来的，每一个词汇构成的元素叫词素，词素越多，你将来讲话写文章的时候，你的谈资才越多。这个东西自己编不出来，你要从民间的俚语、民间的俗语、民间的歇后语，然后从书中去找那些雅句，那些名言，把它积累起来，成为你个人的词汇量。读书就是要积累词汇量，达到一定的词汇量，你才能说话有味道，你才能写文章知道该用哪些字词来表达。大家知道学外语达到一定的词汇量才能对话，中文也是这样，达不到那个词汇量就无法表达。你平时聊天，说很多话，但是叫你说几句雅的话你就说不出来了，是词汇量少。读书的时候要积累，要积累一定的词汇量，这样将来表达的时候才有一个使用方便的工具，这是第二个积累。

第三个积累是要积累事例。大家千万不要小瞧书中的事例，它有最闪光的东西。有时候你读书读报纸看到一个小事例给你很大的启示，它能说明很深刻的道理。你把这些小事例积累起来，有时候你跟别人讲这个事的时候，这些小事例就能成为很有用的佐证材料。那年我在党校讲中国的法制建设，用了一个故事，实际上是讲海外的故事，讲中国的留学生，华侨在美国做事的这样一个故事。说的是中国有一个开饭店的小老板，上海人，在上海挣了一点钱，然后去了美国，要拓展他的事业。到了美国干了没有多久，就惹上了一个官司。他的性格很要强，说一定要打赢这个官司，就找了一个很有名的律师，说："你负责把这个官司打赢，你需要钱还是需要什么，我都满足你，反正要把这个官司打赢。"美国这个律师当时就想了："我还不知道你能不能打赢，你叫我一定打赢，我能有什么办法？"就说打赢打不赢不是他说了算，是法官说了算。这个老兄对律师说："你这个笨蛋，叫你办，你就去办，法官说了算，你就搞定法官。你请他出来吃顿饭，不行我们给点钱。”那个律师说：“千万使不得，你要是给法官送钱，首先你就错了，你就输定了，你就违法了，我们还谈什么赢不赢的问题，根本谈不了了。”律师讲完以后，这位老兄说：“你走吧，你走吧。”就把他打发走了。过了没几天，法官通知说这个官司你赢了，律师说：“我还没有出庭怎么赢了？”一头雾水。这个律师第一时间来到当事人这里，说：“我们赢了，很高兴啊！”这个老兄不紧不慢地说：“我早就知道会赢。你这个笨蛋，我叫你去办你不办，我自己把事办了。”律师问他办了什么。这个老兄说他给那个法官送钱了。律师说：“不会吧？你送了钱我们肯定输了，怎么会赢呢？”这老兄说：“你这个人还能当律师，你脑子就是笨。给他送钱我不是以我的名义，是以对方的名义送的。”中国人绝对有这个智慧，只要能达到目的，可以不择手段，但是他绝对没有法制的观念。我说将来美国人再遇到这种事情，立马就会想到这个是中国人的官司，先搞清楚中国人不可信，什么事都可能干得出来，今后不能再听他的。一个人坏了全部的中国人在美国所有的声誉。这是一个很小的事例，它很幽默，但是说明了一个问题，说明了中国人法制观念的薄弱。其实有一些小的事例，非常有意思，你琢磨琢磨，它会告诉你很深刻的道理。它用很简单、很平实的事例告诉你一个道理，多好哇！要积累这样的事例，你在读书的时候才有收获，才有意义。

最后我要说一下读书的品位。读书是要有品位的，什么品位？有些人读书，是跟着作者的思路跑，作者一会把你忽悠到东，一会又把你忽悠到西边去了。在被作者忽悠得晕头转向的时候，你这时候对作者也就心悦诚服了，这是不会读书的人的特点。你看一本书，一会儿讲到高兴了，手舞足蹈，一会儿讲到悲哀了，泪如雨下，那是你被别人煽情，不知道怎么去调整和控制自己的情绪。这个叫做不会读书。真正会读书的人，要具备两个才能：

第一个才能是要能品出书中的不足和问题。于丹讲完了以后，会有很多人提出这个字讲错了，那个词理解错了，这个句子的原意不是这个意思，为什么啊？就是有一些人比于丹高。你要使自己在读书的过程中是一个高人，你就要超越这个书的作者，你在读书的时候就有一种"会当凌绝顶，一览众山小"的感觉。甚至有人读完书之后，还写出一本订正，是针对这本书中的问题再写一本书来订正，这个是相当高水平的。我买书的时候，遇到这样的书必买。比如说《红楼梦订正》《三国演义补遗》，这样的书是属于高水平的书，你买这样的书看就会"会当凌绝顶"，他会告诉你这本书有哪些不足，他的视角肯定比一般人高，这种书肯定有价值。可以对一本书提出商榷，提出订正，这样的人是高人，读这样的书会有收获，你可以在里面学到方法。读这样的订正，比如说钱大昕写过《廿二史考异》，《廿二史》他读完了，提出很多的疑问。这部书可以告诉你怎么去读书，如何发现书中的问题，他会告诉你一个方法。读这种书一定要从里面研究他的方法，这是非常有用的书，值得反复地去读，不停地去读，读一遍不行，读两遍，读两遍不行读三遍，去品味，去研究他是怎么读书的。这是读书人相当高的层次。

第二个就是要有目录学和版本学的知识。古人把目录学、版本学、校雠学、训诂学，这四个学问作为小学，是读书研究问题之前入门的学问。你对书中的义理、道理进行研究，像宋明理学是属于大学，而这些基础的学问是小学。这四个基础的学问目前在我们国家已经非常凋零了，真正懂目录学、版本学、校雠学、训诂学，以及音韵学的人很少。读书达到一个相当高层次的时候，你必须要有这样的知识。这些知识不过关，你要在读书上达到一个很高的层次，那是不可能的，那是瞎扯。我再给大家举个例子，还是讲《孙子兵法》。我们国家研究《孙子兵法》的权威是军事科学院战略研究部三室的主任，叫吴如嵩。此人做过郭化若的秘书。郭化若在延安的时候，写过一本《孙子兵法译注》给毛泽东看，被毛泽东称为在中国最懂得《孙子兵法》的人。给最懂得《孙子兵法》的人做秘书的吴如嵩先生，他有一个夙愿，就是编一本《孙子兵法》的定本。因为现在《孙子兵法》有很多的版本，究竟哪一个版本是定本，众说不一，所以他和中国社会科学院考古所的吴九龙等人联合起来，编了《孙子校释》。他收集了宋代以后14个《孙子兵法》的版本，然后把这14本版本放在一块比较，比如讲到这一段“兵者，国之大计”的时候，这14个本子是怎么讲的，哪个地方多了一个字他补进去。他们花了很大的功夫，用14个不同的版本去校勘一部《孙子兵法》，20多万字，出版了。这本书是十多年以前出版的，那年在山东开第13届《孙子兵法》研讨会，我们开会的时候，就分到这本书。我拿到这本书之后，当时讲了一段不中听的话，我这个山东人比较直，看到不顺眼的事就直接说了，不管别人能否接受。我说这本书花了很多的心思，做了很多的工作，很辛苦，但是把事情做错了。他问：“为什么做错了？”你想一想《孙子兵法》是什么时候的书？是2500年以前孙子在战国以前完成的著述。但是我们现在看到的这本《孙子校释》，所使用的14个本子都是宋朝以后的。宋朝有两个《孙子兵法》的版本，一个是《十三家注孙子》本，其中有曹操的注；一个是《武经七书》本。这两个《孙子兵法》的版本，在宋代以后演绎出来283种著作，都是来校勘孙子的。你使用的这些著作，就是用这里头抽出来的14个本子去校刊，等于把它又变成了一个新版本。我说孙子是春秋战国时代的人，你从宋以后找了14个版本去研究《孙子兵法》，得出一个定本，这个定本离孙子太远了。《孙子兵法》原先是4954个字，吴如嵩他们编出来的书是5063个字，多出来了109个字，这100多个字是哪里来的？是宋以后的那些儒生，宋儒、明儒、清儒，他们在研究《孙子兵法》的时候觉得这里少了一个字，加上去的，这个字和孙子没有什么关系。所以你用的加法，是宋以后的加法。《孙子兵法》的注释应该用减法，由宋往前减。从孙子到宋代这个阶段，谁增加了一个什么字，把它抠了去，把它剔除，剩下的才是孙子的原本。你把不是孙子的东西加上去，那能叫《孙子兵法》吗？清朝人的东西你也加在孙子的头上，孙子冤枉不冤枉？这就是方法错了。他在版本学、目录学的知识上短缺，所以他才做了这么一件费力不讨好的事情。开完会出来的时候，我跟李零说，我说这两位老先生岁数挺大的，挺可惜，花了这么多年的功夫，完成了一部学术著作，它唯一的价值就是告诉大家这本书没有价值。上边说的都是读书，讲得长了一点，转到下一个话题：说话。

说话，我刚才说了，是最难的。我这里所讲的说话，分为两种：一种是演讲，一种是交谈。不管是演讲还是交谈，都是我们每个人在生活中必须要具备的一种能力。比如我们开个小组会，你总得发言吧，你总得谈点感想吧；比如我们现在学习了宝安区委的一个指示，然后我们开会讨论讨论，你总得发言吧。这个话怎么说？说话是一门艺术，要想把这个话说得好，非常不容易。

交谈也好，发言也好，你要阐述一个问题的时候，这时说话最重要的点在亲和力，要让人家觉得和你没有距离。这个问题是我们党校的老师在研究教学的时候的重点。我跟他们讲，亲和力的问题是党校老师的一门主课，没有亲和力便没有感染力，没有感染力就抓不住人。不要看大家开始都坐在下面听你讲课，你登上讲台十分钟后，如果还不能抓住下面的听众，让他们跟着你的思路走，你这个课就基本失败了，他们根本不用再往下听了。你别看那个人头抬在那里，好像很专注，其实他想的是自己的股票，他根本不知道你在讲什么东西。他根本听不进去了。因为开头五分钟，你是一张新鲜的面孔，站在他面前。他这个时候看你一眼，你讲一句话，他听一听，如果耳顺，就跟着听下来了，耳朵不顺，就关闭了。他把耳朵关了，眼睛停在那里，脑子也飞了。所以讲话要有亲和力才能粘住人，粘住人，人家才会跟着你的思路走，然后你讲的东西才会循序渐进地流进人家的心田。亲和力的问题是个很复杂的问题。中央党校有四个老太太绝对地讲课讲得好，这四个老太太在中央党校是四大名旦，都是讲最难讲的问题，讲马克思哲学观，讲社会主义政治经济学，都是非常难讲的课，但是她们可以讲得有声有色。为什么？她讲的语言很朴实，她不是讲概念，她把概念给化掉了，化成一个故事，化成一个事例，像拉家常一样把内容灌输给你。平白、朴实，才能从中间产生亲和力。你就坐在那里听她讲话，就像在听一个人唠嗑。你是一个听众，认真地听，她是一个说话的人，认真地讲，两个人的交流非常地融洽。

演讲就比交谈难一点。演讲的要求：第一，要有气度。讲话的时候与交谈不同。你坐在那个地方和人交谈，可以用很小的声音，不要用大的声音，你要用大的声音就是训斥人家，小的声音，让人感觉很婉约，别人会靠近你，你的声音越小，别人越要靠近你，因为他听不见。声音小是拉近距离，声音大是驱赶对方，掌握声音大小是非常重要的。演讲就不行了，演讲要有一种气势，你要讲出一种气势来，让人家觉得你有气度。

第二，演讲要控制语速。有的人讲话像打机关枪似的，你看香港凤凰卫视佳佳报天气预报的时候，像打机关枪似的，你恨不得脑子都跟不上她说。语速太快，让别人听的时候很累，听一会就不行了。

第三，注意高潮。演讲一定要有高潮。我做了四届深圳演讲辩论比赛的评委，我发现他们在各个技巧方面都可以掌握得很熟练，比如说抓对方的漏洞，把别人的思路引入歧途，然后加以批判，这些技巧都用了。但是这些演讲和辩论会最大的一个问题是，他们不会布置高潮，因为只有高潮到来的时候，才能把所有听的人的注意力通通抓住。演讲要注意布置高潮，但并不是说20

分钟里面全部都是高潮，那听的人全都累死了。你必须有一个过渡，高潮完了之后，中间你用什么过渡，这个都要涉及。所以讲话很不容易。那么怎么讲好、说好？我自己体会有五点。讲话比读书难，读书四点，讲话五点：

第一点是要精炼。发表讲话之前，你要先在脑子里把你要讲的东西反复地炒，像炒茶叶一样，把它炒熟。反复地在脑子里想你要讲的东西，你究竟要说明一个什么问题？这个问题准备分几个层次来说明？你用什么办法将它说明？你举一个什么例子来论证你的观点？这些东西都要在脑子里反复地想，最后想到什么程度呢？全想明白了，这个时候你的讲话别人就听得有滋味了。什么叫做全明白？就是把所有的废话都删除了，非常精练。大家知道，我们小的时候没什么玩，捞一盆面，在水里洗洗洗，洗成一个面筋团，粘到竹竿上，粘知了。这些面筋是把面粉洗掉了，留下的筋，所以它才能粘住东西，一碰上就粘住了。把你思想所有的成分，把你复杂的、没有用的成分全洗掉，留下来的全部是精华，你的讲话才是最精练的。用最精练的语言，用最朴实的语言，用最适中的语速，用最平易近人的事例，去把你最复杂的思想和盘托出，这个就是精练。你可以用最简单的话讲一个最深刻的道理，用平白朴实的语言去讲一个深刻的道理，而且没有废话，连一个废的字都没有。人家说易一字予千金，吕不韦那个时候就这么牛。我们现在看鲁迅的文章，你要想删改几个字，那很难的，说明非常地精练。讲话能够精练到这个程度，说明了什么？说明你脑子里对这个问题的思维考虑，已经揉了多遍，揉得很精细了。在这个时候讲话，讲出来的东西才是言之有物，才有价值。我们通常是什么呐？是萝卜白菜拌一大盆，像喂猪的猪食一样，往那儿一倒，你们随便拣着吃吧。我先说两个小时，有用没用的你们去听。北京有一个很著名的经济学家，叫杨帆，前几年到深圳来，我请他吃饭，我们俩交流讲课的体会，他说："老刘，你别弄那么多复杂的东西，我讲课的体会就一个：老子上讲台就是你祖宗，孙子们你就听吧。"他就这个态度，他自己没想好就全部倒出来，倒出来让听的人拣着有用的听。这种效果一是很累，二是不清晰。假设下面听的人是一个不懂行的，可以说他会一无所获，他什么都听不懂。所以讲话第一要素是精练。这个精练不仅是你语言表达的精确，我讲话一个字一个字往外蹦，蹦得很慢，不是这个精练，而是你脑子思考问题思考得非常精练，用语言表达出来的时候十分简洁。你脑子没有思考好的时候你就不要去讲。这个精练应表现在用词、用事例、分层次这些方面，把这些方面表述得清清楚楚，这是一个很高的境界，语言最高的境界在这里。

第二点是要生动。怎样才能生动？这就牵扯到语言表达的艺术。语言表达的艺术，在生动的方面，有这么几个因素：

首先，你究竟靠什么力量来吸引人？有的人用逻辑的力量来吸引人，逻辑之所以有力量，是因为它中间有因果的链条，它可以把人捆绑起来，把人的思路捆绑起来，然后拖走，这是逻辑的力量。

其次，情感的力量。情感也是有力量的，大家都看过，前几年春节文艺晚会，倪萍非常会煽情。这个情感，等她有力量的时候，叫你哭你就得掉眼泪了。谁都不愿意掉眼泪，男儿有泪不轻弹，可一个女孩折腾半天就让你哭，这就是本事，这是情感的力量。

再次，思想的力量。我告诉你一个很深邃的道理，让你茅塞顿开。这个思想的力量也能使你的语言非常生动，这个生动能够打动人，能够把人拉走，能够把人吸引走。思想的力量就这么空洞地讲，是没有用的，大家必须去体会。你将来和别人说话的时候，如何让你的语言生动，有力量，这些力度就产生于这些因素当中，产生于情感当中，产生于逻辑当中，产生于思想当中。你讲的东西有内容，人家愿意听。情绪是燃烧的火焰，思想才是流淌的血脉。你既要有血脉，也要有烈焰，这样才能让听的人激情澎湃，烈火金刚。

最后，在生动的三个力量之外，还有一个技巧。技巧是什么呐？技巧是幽默。你讲话能讲得很幽默，别人就愿意听，这是语言表达的技巧。你讲一个有思想性的东西，也可以幽默；讲一个情感性的东西，也可以幽默。你看崔永元的《实话实说》节目，为什么人家喜欢？就是因为崔永元冷不丁来一个幽默，让大家会意地一笑，觉得很开心。幽默是可以让人感到很舒服的一种感觉，当你能够熟练地运用幽默的时候，你在语言的表达上可以说几近成熟。好多人想创造幽默，结果创造的不是幽默，而是滑稽。幽默和滑稽是两码事，滑稽是你没有说完人家就已经笑了，而幽默是你说完以后，别人想一想才笑，这是完全不同的两个境界。大家试着区分一下幽默和滑稽，幽默是有力量、有智慧的，而滑稽则仅仅是可笑的。可笑的不一定有力量和智慧。你要感觉到智慧，才能从心底里面笑出来，这才是力量。幽默就是这样一种艺术，是这样一种形态，表达得好效果就非常好。那天在文化沙龙当嘉宾的时候，书城老总讲当年赵薇到深圳来签名售书，结果被很多FANS包围，每个电梯口只要一停，就喊，“赵薇出来，赵薇出来”，把她吓得不得了，七尺彪形大汉站在电梯门口，把赵薇藏在身后。我说他很勇敢，关键的时候冲得上。他说：“赵薇我要保护不好，出点事，我还干不干啊？”我说：“你知道你身后的赵薇在想什么？她在想什么我告诉你，她在想：‘这草包倒是一堵挡风的墙。’”给他幽了一默。他说我这个话经典。其实有时候开玩笑也可以表达出一种幽默。幽默可以使人轻松，可以使你的语言显得活泼生动，充满智慧。

第三点就是交流。讲话的时候你不能用一只眼睛斜着看一个地方，根本不看你讲话的对象，露出的白眼球多，黑眼球少，那是吓人。讲话的时候，要用目光和你眼前的对象交流，目光要交流；另外是手势的交流，这也很有讲究。前几天南山区委党校专门叫我讲一下党校的主体班教学应该注意的问题。其中我就讲到了手势，我说我们现在党校的老师讲课非常愿意用手势，经常这样指指点点。我说我大学毕业的那个时候，在南京高级陆军学院当教员。那个时候在部队当教员是要训练的，其中有一个科目就是手势的训练。要求你讲话的时候要有手势，五个手指头不能分开，这个不行，像抓饭一样；然后不能一个指头伸出去，你这是骂人，指着别人骂；两个指头也不行，这都不符合规矩。应该五个指头并拢，这五个指头并拢以后，你再摆动。摆动也要有幅度，向右边不能超过一个肩膀的宽度，向左边不能过这个肩膀，在这个范围内摆动。摆动得太大了，那叫张牙舞爪。我们现在的老师不懂这些东西，讲话时候的手势很难看，尤其一些女同志讲话的时候，喜欢指，让男士心里非常不舒服。所以尤其不能用一个手指头，这是对别人非常不礼貌的事情。手势其实是你在用肢体语言和别人交流，以辅助你语言表达不足的部分。所以目光的交流，手势的交流都是非常讲究的。一个人要想把讲话讲好，表达好，让人家理解清楚，交流不可小瞧。

第四个点，如何引导听众。这是一个更高层面的学问。说话，发言，甚至平时在一块唠嗑，你能把别人的思路牵着走，这是了不起的。比如你讲一个段子，能让别人听下去，听完以后达到你想要的那个效果，这就叫引导听众。引导听众，这个学问在哪里？学问在你说话的时候，一开始要把听的人抓住。语言的功能最重要、最美的地方在哪里呢？就是每一句话都有钩，全是钩。我讲一句话就可以钩住你，再讲一句话再钩你一下，直到钩得你心里痒痒的，牵着你走，这个语言的表达就有力度。你要会在讲话的语言中设钩，能够把别人的思路牵引走，这是你的技巧，引导听众的能力达到了炉火纯青的地步。有时候是这样的，你可以设一个局，在不断用包袱的过程中，把他们的思路牵到一个地方，然后告诉他们，那是一个死胡同。听的人这才知道，原来把我们引到一个墙角、死胡同了，然后你再掉过头来告诉他们哪里是出口，这个时候虽然听众被你捉弄了一番，但是他对讲话的人不得不服气，这是相当高明的。但是做得不巧，也会引起人们的反感。

讲话的人通常有两个习惯：一个是主观性很强的人，坚决按照自己的思路贯彻下去，一泻到底，容不得别人插入，这个叫强势。这种强势经常在我们讲话时有，比如说他说话的时候有人插话，他说等一下，等他讲完了你再讲。他一定要按照自己的思路强势灌输给你，至于下面的人听不听已经不是问题了。这种是话语霸权。你要允许别人插话，怕什么？插了话之后你还要告诉他我讲的下一部分的话题你插不下来，这就是水平。让别人顺着自己思路走的人，强势的，有好处，但也有不好，如果你讲话的艺术性达不到的话，人家会憎恨你，讨厌你。还有一种人顺着别人的思路爬，把自己的意思糅在领导的意思里，让领导听了很舒服。这种说话其实很难把自己的思想表达清楚。引导听众有一个目的不能忘，即你最终讲话是要达到什么目的，这个不能忘。所以始终不忘目的是什么，不管是顺着别人的思路走，还是要别人按照自己的思路走，都要达到一个目的。你讲这个话的目的是什么，要非常清楚，要运用得非常好，这样才能引导听众。

最后一点，讲话要有积累，要有谈资。你要有故事讲给人家听，或者你要有段子讲给别人听，或者你要有你的知识块随时甩出来，一甩就是一串，像打牌一样，一放不是一张，而是一片。这样你的讲话才有冲击性。这个要靠积累，我给它取名叫“知识块”。就是你要想说明一个事情，这个事情的道理是什么，用什么材料，说完了以后举什么例子，才能把这个事情说圆，要自圆其说。这包括材料、包括方法、包括观点、包括事例全部糅在一块，编在一块。一段这样的东西叫知识块。你的脑子里要有很多这样的知识块，你坐在那里和别人吃饭的时候才有谈资，见到什么人你才能有什么话题，否则你脑子里全是空的，是一句一句的话，而不是一块一块的语言组合。讲话没有积累，你不可能和每一个不同行当的人打交道。比如说我今天和一个退休老干部，他牢骚很多，我可以拉得很热乎；比如说明天是一个小孩，我可以跟他拉得很热乎，为什么？我脑子里储存了有关这方面的谈资，可以用不同的东西和别人交流。在生活当中积累，在听别人叙述的时候积累，形成自己的知识体系，这样说话才能有意思。

还有一个问题，讲的是写文章。因为在一个半小时里面，要把几个这么大的问题说完，我只能这样一带而过。

写文章其实和读书是一码事，只不过那个是进，这个是出，那个是进场，这个是出场。写文章和读书所要关注的点都是一样的，都是三个要素：观点、材料、方法。你怎样把这些东西组织起来，这是水平。比如说有肉、有蒜薹、有调料，你怎么把它炒起来，把它炒成一盘菜。这里炒菜就是写文章。读书是什么？给你一盘菜让你吃，吃的过程中，这个菜糖放多了，缺酱油，盐放多了，你都能品出味来，这个就是读书。你能从书里读出不同的元素、内容，你能把它吸收了。相反，写文章是给你一些元素，你把它加工出来，炒成一盘菜，就是这个道理，很简单。写文章其实不难，为什么？大家看一下全国有多少能写文章的人，但是真正讲话讲得好的人不多，为什么？讲话不能修改，写文章可以改一百遍，改好了再发表。甚至可以找一个枪手帮我改，改完了，没问题，只要署名是我的，其实这个文章是不是我自己想的，那已经是另外一回事了。所以写文章只要把三要素用好，基本上没有问题。脑子里像说话一样，把它搞清晰，把语言搞生动，搞精练，把说话的艺术全部挪到写文章里面，绝对是一流的好文章。现在很多人不会写文章，不会用自己的话把思想表述出来。什么原因呢？是词汇量不够，平时很少积累。如果你没有词汇量，这就必须要从读书开始积累。

那么，在这样的情况下，也可以有一个窍门，用快捷的办法恶补。当你想学写文章，但是词汇量不够，你可以去买一些字典、辞典，甚至在网上搜索主题词，借用别人的词汇量。穿别人的鞋走自己的路，这个不难。难在哪里呢？难在你要形成自己的风格。一个人写文章和说话都会有一个风格，这个风格是久而久之不断浸润才形成的。这个风格的形成不是一篇文章就能解决问题的，要形成一个模式，形成一个规律性的东西，这样你的文章出来，人家一看，不看人，光看文章，就知道是谁的，这就是有了风格了，想做到这点非常难。做到这一点，有一个窍门可以办得到，我刚才说了，就是模仿，写文章最大的捷径就是模仿，我是走了很长时间的模仿的路。这和练字是一个道理，你说你的字写得不好看，不能总闷着头在那里瞎写，写到最后也就是一把草，照样不好看。你必须把好看的字垫在底下，你描红，抄人家的笔画，宝盖该大，中间怎么布局，竖和撇放在哪个位置不至于歪。你得一笔一笔地去模仿，一个字一个字去模仿，你的字才能写好，骨架结构才能明白。文章也是这样，你先找来你欣赏的文章，比如说你喜欢董桥的文章。董桥的文章，掉书袋很厉害，我喜欢他的风格，就模仿他的风格写，写了一篇不行，撕了再写，不断练习，用不同的内容模仿一个人的风格。时间长了，你甚至能模仿得和他一样。在这样的情况下马上掉头，再去模仿另一个人，不停地模仿，最后就形成了你的风格。模仿一个人，你是他的马仔；模仿十个人，你是这十个人的将军。所以说模仿是写文章一个非常重要的窍门。

我过去写文章，模仿过很多人。前一个阶段，我在中央党校发了一篇文章《近代化与士大夫阶层》。那篇文章是专门模仿上海社会科学院历史研究所杨国强研究员的文风。我很欣赏杨国强的文风，我们俩也算是好朋友，他比我大两岁。人家写文章的老辣让我艳羡不已，就恨自己出来的东西嫩，嫩到什么程度呢？嫩到一掐就掉，人家那个东西抠半天抠不下来。文章在读的过程中，你能品味到他每一个字都用得那么好。这个地方如果用别的词就是不恰当，必须要用这个词，而这个词你想不出来，这是不得了的事情。所以那时候我就去模仿。先喜欢，然后到敬佩，再到模仿。在模仿的过程中，要学他的表述方法，要学他的论证方法，要学他词汇量的扩充，在这个过程中把你自己文章的文风变得像他一样，这就是模仿秀。写文章要由模仿开始，模仿做到一定程度，你还要不断地变换。今天我模仿董桥，明天我模仿余光中，后天我就模仿南怀瑾。你在模仿的过程中把每一个人的风格吸取了，博采众长，最后形成你的行文风格。

在这方面，我走了一个极端。最早模仿的是杨国强的文章，我和他专门谈过写文章。他说早上吃了饭，一直到晚上睡觉前，中间两顿饭时间扣除，其他时间全在写文章，一天的进度是150字。

他一天只写150个字，一个字一个字地抠，这个字不合适，扔掉，再查字典，换上一个最合适的，推敲到了极致。他在方法上也有过人之处。比如说举了一个例子，举完了以后，他用一段话去品味那个例子。这个品味是个提升，让你读到那个地方真解渴，顿时就有这样的感觉。这个能耐是花了大功夫的，你能够透过文字的纸背看到他的心血。我一开始模仿杨国强，越仿越不像，狗尾续貂，真是玩不了，词汇量也不够，方法也不行，画虎不成反类犬。常常有这样的感觉，模仿了一段，又觉得这样写文章太深奥了。他的文字很晦涩，不好写。后来一下子跳到最直白上去了，开始模仿杨绛——钱锺书的夫人。杨绛的文章我说好，可是别人说也没什么好，她写得很简单。其实简单就是好。杨绛文章的特点是没有冗长的句子，每一个句子六七个字就打标点了。一个句子中几个字就一个标点，你想写稿子的时候会赚多少稿费。用最短的句子来表述最复杂的思想，这是一个很高的境界。这个感觉我是在读懂了杨绛之后才体会到的。现在很多人喜欢读甘阳的文章，他的文章，一句话可以从这一行拐三行才一个标点。这三行中间加了很多内容，加了状语、宾语，把一个句子弄得很复杂。即便研究语法也要把句子成分分析很长时间。他说话要拐来拐去，九曲回肠，一句话里面内容很复杂，读的时候让人感觉非常非常地累。真正好的文风应该很短的，几个字一个标点符号。应该用最简单的，儿童都能读懂的语言去表达你的思想，把你深邃的思想变成清澈见底的涓涓细流，流入每一个阅读者的心田。所以那个时候，很长一段时间，我写杂文，给报纸写专栏文章，讲大白话，有时候用老百姓的俗语、俚语来表达一些意思。我发现民间的语言其实都很短，却能够恰到好处地把思想表达得非常准确。所以风格的问题是从模仿当中形成的。我们每一个写文章的人，包括中小学生、成人，你要写报告，总要找几份参考的报告学着写。人家这个报告有几个部分？每一个部分是怎么表述的？有一些东西都形成规范了，都已经形成了非常程式化的东西。比如说我们今天开了一个会，开得很好。我们之所以取得这么大的成功，基本经验有三条：第一领导重视；第二兄弟单位支持；第三同志们努力。这可以放之四海而皆准，都已经成为程式化的东西了。就像穿鞋一样，拿来多少码就知道了，不用费事去试了。写报告把这套东西弄明白了，剩下的事情就是往上添你的数据就行了，这就是八股。但是写文章如果从八股开始练起，破题、承接、转载，把这些问题全都弄透了之后，你在方法的体会上会再往上走一点。任何一个八股能够成为八股，说明在那个条件下它是有效的，否则不会是八股。所以从八股走出来的东西，有时候其方法恰恰很值得学习。所以拿文章研究的时候，一定要从这里边研究行文的方法、语言的词素，等积累达到一定的程度，你的文章才会有自己的风格。

写文章还有一个重要的东西，就是主题要明确。所谓主题明确，就是你要告诉人家一个什么事，告诉人家的这个事你要清清楚楚。我有时候在想，你写了很多的东西，你告诉了人家很多的事情，首先第一条，最有价值的是什么？人家最想听的是什么？你要站在读者的角度来体会自己写的文章，人家最想听的是什么呢？

其实最简单，就是想知道别人不知道的事。咱们这个社会这些年已经形成这样一个规矩：凡是不让干的事都想试试，凡是不知道的事都想知道。每个人都有这样的好奇心，你写文章的时候要满足人家的这种好奇。你的文章中这种东西越多，你的文章越有看头。你的文章说了半天都是别人知道的事，那你就完蛋了，你肯定失败，你写得再好都没有用。

有人说，写文章要有才情。你这个人有没有才情，在文章里可以看出来。好多人把才情看做是一种天分，这个对了一半，错了一半。才情哪里来？才情是从积累当中来的，之所以说他有天分，是因为他既勤奋，又有好的记忆力，所以就形成一个良性的积累、循环，才情便是由积累中宣泄出来。像水库一样，积累了很多的水，一开闸放水，哗哗地一泻千里。才情也可以一泻千里，才情是不断积累的结果。在积累的过程当中，从读书、研究、交往、社会生活各个方面，你在不停地积累这些方面的东西，等积累的东西多了，信手拈来你就可以用上去。那次我在讲中国传统文化的时候，谈到宋学，宋人的理论叫“修身、齐家、治国、平天下”，张载把这个理念改成了“为天地立心，为生民立命，为往圣继绝学，为万世开太平”，讲了士大夫的一种基本价值理念。张载的这个理念成为中国知识分子两千年来的文人心态。作为文化人，应该是一个什么样的人？但是宋以后渐渐被禅宗和心学改变了，这个思想表述得不清楚了。后来我在湖南岳麓书院看到一副对联，这副挂在大堂两边的对联，把张载的思想表现得非常好，我看完了以后就记住了：是非审之于己，毁誉听之于人，得失安之于数，陟岳麓峰头，朗月清风，太极悠然可会；君亲恩何以酬，民物命何以立，圣贤道何以传，登赫曦台上，衡云湘水，斯文定有攸归。[①]一般讲你把材料积累到一定程度的时候，你可以随时拿来使用，我讲的就是这个道理。才情是积累达到一定程度的结果。大家明白这个道理之后，你不要自卑，说我这个人没有才情，我写不了文章，不是这样的。你先去模仿，去积累，别人好的句子抄下来，别人好的事例抄下来，将来你写东西的时候，用到哪一个就往上粘贴。一开始虽然是剪刀加糨糊，但是剪熟了以后你就是高手裁缝。所以写文章实际上要多练，多积累，懂得这个道理后其实不难。

今天给大家讲读书、说话、写文章，让我讲一个半小时，现在正好一个半小时，讲完了，下面我愿意和大家互动、交流。

主持人：给大家提四个问题的时间，看谁最先提问？

听　众：刘教授你好。首先非常感谢您给我们带来一个非常难忘的下午，因为我是做销售工作的，有个问题我想请问一下您，在销售的过程中，如何与谈判对手说话？谢谢！

刘申宁：我没有做过销售，我也不知道该怎么说话，但是我可以谈一下我个人的感觉。你和任何人打交道，你首先想清楚你的目的是什么，我得让你买我的东西，我得达到我的目的。你围绕你的目的去考虑，你是单刀直入，还是迂回包抄，是把他忽悠傻了

---

① 旷敏本题岳麓书院讲堂，旷敏本（1699–1782）乾隆十九年（1754）受聘为岳麓书院山长，并撰书此联。原件毁于抗日战争时期，1983年由颜家龙补书重刻。

以后再趁火打劫啊……那个技巧是你用的，但是不管你用什么技巧，第一点，你得想办法让对方能听得下去你要讲的话，所以你的话要有吸引力，能抓住他让他听下去，这就是你的胜利。然后你的目的、你的方法、你的伎俩才能贯彻进来。我觉得第一个最重要的是这个问题。你在讲话的时候，要先把别人抓住，你一开始讲话就得吸引人。这个最重要，不知道你是否满意。

听　众：你好，刘老师，我是一个深圳的读者，我有几个问题想提一下。第一个，您刚才说到读书的事情，我这里想，读书做笔记，会不会影响读书的速度？另外就是做笔记要注意什么？如何提高做笔记的效率？第二个，什么年龄阶段到什么年龄阶段读什么书，有些人要做计划，有些人说不要，在这里我想听一下您的观点。第三个，可能与您个人有点关系，依您现在的情况，一个月，您能读多少本书？第四个，刚才您说亲和力的问题，请谈一下您对亲和力建立有什么秘诀。

刘申宁：哇，排山倒海。从心里面讲，我非常钦佩你一下子能提这么多问题，而且都是刀刀见血。先回答你第一个问题，读书做卡片和做笔记是不是有必要？我是这样想的，有一些书根本不值得做，比如说《哈利·波特》，很多孩子喜欢看，你还做卡片干什么，这种书翻一下就过去了。比如说你读《万历十五年》，肯定要做一些笔记，你得把你的感想体会写出来。将来你的读书笔记就是一本书，很多人愿意读这样一本书，把所有的笔记积累起来，就是一部很有名的书。谢国桢35岁时出了一本《晚明史籍考》，他花了很多时间专门读这些晚明人的著作，在读这些人著作的时候，他把史籍做了考订，然后出了一本书。这使35岁的谢国桢一举成名。为什么说谢国桢先生是晚明史籍方面的大家，谁都比不了，他是高山仰止的人？因为他35岁就奠定了这个基础，写了一部《晚明史籍考》，他读了几百本书，并且都做了读书笔记。他这个笔记不是说，我读完了以后有什么感想，而是考订了这本书的情况，有关方面都做了考订，这是非常严肃的学术著作。所以读书笔记实际上是创作，而不是累赘。你做卡片是为了做索引，是为了知道你整个知识结构。比如我十年一共读了多少书，一翻卡片都清楚了。我读的都是哲学方面的，读的都是历史方面的，那我的知识结构还欠缺什么，我可以补，我不做卡片可就全忘了。卡片是你觉得有意义的时候才做，没有意义的事情少干，所以说读书需要卡片和笔记。

第二个，我现在读什么书？能读多少书？这个问题已经不属于我了。我现在党校当这个破副校长，一天到晚开会，哪里有时间读书。现在除了开会之外，还要我讲课，讲“邓三科”，讲邓小平理论，“三个代表”，科学发展观。你想想，我得天天琢磨那些事。我想读的书，像我好朋友李零写的《花间一壶酒》，我只能在蹲马桶的时候去看。看书的时间很少了，这是一种悲哀。我现在正努力地争取更多的看书时间，我最近想提出来早点退休，让我能有多点看书的时间。看书是一种享受，你能够读书是你的福气，我都艳羡不已。

最后我只想跟你说一句话，读书要有选择。我一开始讲了，读书是分层次的，你先掂量一下你在哪个层面上，你的视野是什么，然后你找这方面的书读。如果有条件的话，你不妨多找一些。比如说在教学一线、在科研一线有点成就的人，你和他聊一聊你的知识结构，让他给你开一个书单。这就像你去看中医，他给你开的药方一样。不要小瞧开书单，开书单是个很了不起的学问。我现在没有时间，有时间我们聊半个小时，我大概知道你的知识结构，我会告诉你，让你先读20本书。先给你开个单子，开给你20本书，告诉你怎么读，让你开始读，告诉你读完了以后你要留下些什么。这20本书你认真读完的话，可以把你由一个高中生的水平提高到大学生的水平，奠定你是一个大学本科生的知识面，够了。如果再开书单，你可以达到研究生水平。开书单是根据你的知识状况重新构架你的知识结构。给你搭房子，给你提供材料。其实真正有用的书，经典的书是不多的，绝大部分的书是垃圾。你能从垃圾里面挑出宝贝，挑出经典，必须要识货。所以眼力问题、境界问题、对知识面的掌握等，这些方面都需要有一个全盘的衡量和考虑。

曾经我到山大给研究生讲课，晚上吃饭时他们让我开书单。我当时很为难，我说我也不了解你们的情况，我不知道你们读什么样的书，我不知道你脑子里现在是什么样的知识架构。你们让我给你开书单，开什么样的书单，我开不了，但是我可以跟你们开一些通用的，人一生必须要读的好书。每个人这一生，如果这些书你不读，你对这些基本的知识不知道，是很遗憾的。比如说罗素的《西方哲学史》，你必须要读，你要知道这些情况。剑桥出版社的《世界近代史》，你要读，它可以帮你了解整个世界的发展格局。那可是全世界一流学者写的著作，这样的书你不读，是一件很可惜的事情。比如说你要研究经济问题，你一定要看萨缪尔森的《经济学》，你要看哈耶克的《通往奴役的道路》。这些书读完了，你才知道世界上原来有一些高人已经达到什么程度了。你如果通通地不知道，你就从这里看起。奠定基础就像盖房子一样，桩打歪了，你盖的楼不可能不倾斜。基本的，有分量的经典是必须要读的。你要了解中国传统学问，就必须要读老子、庄子、孔子、孙子的著作。马礼逊到中国传教，带的学生是利雅格，他最大的贡献是什么？他把十三经——《论语》《周礼》《礼记》《尔雅》等，这十三经全部翻成了英文，然后介绍到了英国去。一个洋人呀，他能把中国这么难懂的东西全部翻译成英文介绍到西方去，使西方懂得中国的学问如此之高深，所以西方由此兴起了一个新的学问，就是汉学。利雅格建的英国皇家东亚研究中心，培养了一大批世界著名的中国通，汉学家，其中有大家知道的李约瑟博士，他就是这个研究中心培养出来的学生。等那些基本的东西奠定之后，你再看其他的书，效果会更好。

在重温经典的沙龙里，谈到了经典要不要继续看。我说看经典，得看谁看。你说蒋庆，孔子的这套东西他现在背得滚瓜烂熟，他现在甚至不看铅字本了，他看的书都是线装本的书，他把书卷成一卷，像根大葱拿在手里转着看。现在那套东西已经记熟了，他脑子里很清楚。他现在要研究的问题，已经超越了经典。对于我们这些现在还没有进入经典的人，你就不能急。你说我跳过去吧，鲤鱼跳龙门，基本上没有用。你必须进入经典，然后再超越经典。所以每个人在不同的阶段要有自己不同的读书计划，这个计划可以使你少走弯路，可以使你尽快地补充营养，达到一个很高的境界。

听　众：刘校长，你好，我是高职院的学生。首先因为我是做班长的，您说到的关于说话的问题，能不能教我一个绝招，怎么更好地和同学互动、沟通。第二个问题是关于写作。因为我非常爱好写作，而且发表文章已经有五六年，我想问一下校长，您是如何看待灵感这个问题的？谢谢！

刘申宁：你提的两个问题，我觉得我刚才讲课的时候都涉及了。但是你把它归结提高了，你用了一个概念，叫窍门。实际上我讲说话的五个因素就是窍门。你现在做班长，具体到你做班长怎么样讲话，有何窍门。我是这么想的。你去研究研究你班里头的那些人，他们都想听什么话，然后你又想说什么话，把这个东西想通了，窍门你就有了。窍门不是我教你的，是你自己摸索出来的。你要在表达你的意思，达成你的目的的过程当中，自己去总结窍门。我教的窍门没有用，我教给你的窍门是怎么当好党校校长，怎么讲话，和你当好班长是风马牛不相及的事情。因为我没有当过班长，当班长的窍门必须你自己寻找。我可以告诉你讲话怎么可以讲得好，怎么抓住人，这里面有窍门。比如你讲话有钩、幽默，讲话有亲和力。亲和力是什么呢？就是你说话有磁性，广东人叫磁性。这个概念怎么解释，你自己摸索。这个要先去体会，就像幸福是什么一样，幸福是你自己的体会，每个人的幸福都不一样，你知道吗？所以你要去体会这语言的窍门在哪里。

写文章的窍门我刚才也讲了，你作为一个高职院的学生，你经常写文章，这非常好。我觉得经常动笔，这个习惯非常的好。像你现在处在学习阶段，写文章不要自己乱写，我劝你一句，文章不是随便拿起笔来就可以写的。谁也没有那个天分。你首先要研究别人怎么写文章，你把别人的文章研究透了，你就学会了怎么写文章，然后去模仿。一定要从模仿开始走，模仿得像了，再换一个人模仿。久而久之，技巧、词素、词汇，表达方式你统统都会了，而且不只会一种，会很多种，这个时候你才可以驾轻就熟地运用这支笔来表达自己的思想和感情，这个时候你写文章就成熟了。现在你写文章，还是用笔说话，还不叫文章，应该是这样理解的。因为文章里有很多技巧性的东西，有很多表述的方法性的东西，那个东西任何人教不会你，你必须在模仿中去体会。你看人家讲这句话，为什么讲得这么好？讲了一个例子，他又给了一个点评，这个点评为什么又点评得那么好？研究了这个东西，你才能驾驭文章。在欣赏中学习，是最好的学习。我想应该是这样。

讲课是一门艺术

编者按：此文为刘申宁教授于2001年春季在深圳市委党校的一堂公开课。

昨天晚上连夜准备了一个提纲，想谈谈我的看法。我认为讲课是一门艺术。以前我们在讨论教学时，经常把教学手段突出出来，比如说课件的制作。我那时再三强调，三尺讲台上课件不是主要问题，主要是要把讲课作为一门艺术来看待。怎样理解讲课是一门艺术？今天我想就我个人的体会和大家作一个交流，我先发表一点看法，我们可以采用座谈的方式提问来共同探讨。今天和大家谈五个话题：(1)怎样备课；(2)怎样使语言有魅力；(3)讲课的技巧；(4)调节听众的注意力；(5)艺术性离不开思想性。上面五点是我们任课老师必须掌握、必须熟练应用的重要技巧，如果能应用得好，就可以达到比较好的教学效果，我认为是这样的。

一、怎样备课

1. 熟悉探寻的领域。备好一门课，重要的前提工作就是熟悉你所要探寻的领域。我来党校后大概一共开了27门课，平均每年开3门课，课程的领域涉及得比较宽，从历史学到国际政治，到经济，到政治学，到科学社会主义，一直到一些哲学的问题。是不是我这些方面都可以，我坦率地说不是，我是被逼上去的，比如这个学期讲“三基本”，我们排课的时候怎么也排不出，没法子，把我逼上去，要我讲毛泽东思想，所以我得赶快准备毛泽东思想和中国革命史。怎样应付一门新的课程，要做的工作是什么？我觉得最重要的是要熟悉所探寻的领域。有些老师教了一辈子课，在这个领域里，总是一个稿子讲到底，你问他其中的一些事情，研究前沿的课题，包括一些重要的热点问题他都不熟悉。这不行，怎样才能熟悉探寻的领域呢？我觉得有两个工作是必须做的：

第一个工作就是要做好目录，要在目录学方面的下功夫，不是说我在报纸上查几篇文章就完了，不能这样简单。而是要把这个领域的所有研究开出一个书单，这个书单的详细程度要涵盖这个领域的所有研究角落，包括论文和著作，并且你要了解你这个领域的所有研究材料。这个目录学的功夫我觉得比写文章和备课的时间都要长，这对于了解你研究这个领域的状况是非常重要的。就像我们做一个课题，你没有目录学的功夫是根本不可能做出来的。即使你做出来也是剪刀加糨糊，没有任何功力的东西。

第二个工作是在目录学的基础上完成一个综述，就是说你要能够把你的领域所有的研究成果综合地、完整地叙述出来。你可以把它写成一个综述，也可以用提高的办法概括一个综述，这个综述的工作不能省。如果你对研究领域做了综述这样一个概括的工作，你就跨越了这个领域。我讲过WTO，也讲过国有企业改革，说实在的在经管教研部老师面前我很惭愧，我这个白丁去吃人家的饭有点偷窃的嫌疑。但是虽说这个领域不是我研究的领域，但是我可以讲。为什么我可以讲？因为我熟悉了这个领域的研究成果，我去做一个课程综述之后，我发现从我的角度，用我的长处来综述这个领域多一个角度，从历史学的角度来看WTO这件事情比一个经济学家看WTO多一个着眼点，没有什么不好。所以探寻熟悉的领域这两个基本功必须做，不管是备课还是搞课题这两点是绕不开的。

2. 编组话题串。我这些年来有一个深刻的体会也是一个窍门讲给大家听，我自己感觉到要做到事半功倍，真正使备课、讲课达到熟练的程度有一个窍门，窍门就是编“话题串”，这是我给它起的名字，什么意思呢？就是当要阐述一个观点或者一个理论时，我先拿出这个观点或这个理论，然后解剖它。怎么解剖它？我有一套方法，我用这个方法解剖这个理论，然后我用什么办法、什么材料去论证它？我最后得出的结论是什么？我在这中间为了吸引人准备用几个典型的事例来说明问题。把这些东西有机地组合起来，把它们组成一个集成电路块，我叫它“话题串”。就这一个话题串，你只要讲起来，就可以有头有尾地把它说清楚，不用任何稿子，就像我们有时候讲段子一样，在酒桌、饭桌上不是一提这个头就可以把它叙述出来吗！这就是一个话题串。你把它背下来也好，把它印在脑子里也好，都可以。但是我们备课的时候，话题串要大一点，不像你讲段子一样几句话就可以涵盖了。而话题串要有观点、有材料、有论证的方法、有结论、有实力，你把它编组在一起，组成一个块，把这个块深深地记在脑子里，你备课的过程中要组建这样的话题串。如果你备一门课，准备两个话题串，再备第二门课又准备两个，几年下来能讲三五门课，你就有上十个课题串了，这几个话题串在你脑子里的印象是深刻的，你不会丢失的。那么你有了这么多的储备，便随时可以像打牌一样重新组合，不需要再用讲稿了。比如说我突然需要备一门新课，我就可以把手里的上十个话题串用A+C+D的方式编程，找出它们的逻辑联系，就可以对它们进行新的组合，这样的话你就可以很快地应付一门新课，这是一个很省力、很有效的办法。而且话题串可以在你讲课的时候不拖泥带水，同时你可以脱稿。这个我想大家可以去试探着做一做，一开始比较难，但是当你组织上三五个以后，就会发现这东西很有用，就像做卡片一样，卡片积累多了，它的作用就远远超过一张纸的作用，它会让你产生一种思维方式的新的变化。我体会编"话题串"在备课中是一个窍门，如果你能够在几年时间内连续不断地开出新课，必须借助这一条。否则你想在很短的时间内，出一个题目就能讲课，你哪来的本事呀？不可能的！如果你编出话题串，你的所有的知识就不是散乱的，而是成串的、系统的，这样你就可以尽快用你的知识开出一门新课。

3．注意连接的逻辑顺序。备课当中逻辑大家都会用，论文的逻辑、讲课的逻辑都很重要。逻辑的连接，其实是有很多办法的，不是只有一加一等于二，一二三四五这样向前推导这一个办法，不是这样的。其实有很多事情，有时候可以倒过来，比如你可以倒过来用提问的方法，一个一个问题地去勾，可以把人的思路倒着勾到原始提问点，最后翻过来推理。用这种方法呢，很可能会给人一个很强化的印象，就像看西方电影一样，一开始是不清楚的，但是很想弄明白究竟要说什么，它有一个悬念在里边，始终系着你往下听，等到全部听完了，你才豁然开朗原来是这样的。不像有些人刚开头别人就知道他后面要说什么。你的思维如果叫别人给短路了肯定要失败了，你讲也好，不讲也好都不会成功了，因此你的思维必须要超出别人的思维，你要比别人长出一块来，别人才会跟着你的思维走。我觉得大家应该考虑人的思维逻辑的连贯顺序，你在编辑逻辑块的时候，不一定要按照一完了是二，二完了是三的这个顺序来，你把问题想得很简单，听课的人就把你看得很简单，他以为你没有多少料；你把问题想得很复杂，听课的人才会觉得你要讲的问题是很深的东西。这在编排上是有技巧的，大家可以共同探讨一下这个技巧。我有时候比较喜欢用反问式，会在一开始就提出问题，比如我讲“百年中国”，一开始我就提出中国走向近代化，是100多年来中国人的追求，中国100年的历史，就是中国近代化的历史，看上去是一个递进的结论。我很快把这个结论颠倒，你认为是正确的东西，我给你颠倒过来，我说100年来中国人都为近代化而奋斗的历史是不是近代化的历史，应该说是没有问题的，但是近代化作为衡量近代中国社会演变的尺度对不对呢？按说也是正确的。但是，这个看法受到了很多人的责难，我就举了一个例子，1995年茅海建出了一本书《天朝的崩溃》，发表以后王忍之把它枪毙了，说这本书思想混乱，观点错误。茅海建还在书里提出了一个理论，他说，近代中国的问题不是爱国主义，爱国主义不是主要的，而近代化是衡量历史前进的唯一尺度。他提出一个很重要的结论，即近代中国、近代化是中国历史发展的历史尺度，这个应该是没有问题的。为什么王忍之要批判他？为什么能够引起中国理论高层的如此关注？这个问题提出来了，接下去就是解释这个问题，在解释这个问题的过程中，一点一点地推理，把整个的问题拖出来，让大家明白近代化在中国社会中的重大作用。先把悬念推出来，然后再去铺垫，再去一点点地解开这个扣，这样听众就会跟着你的思路走，就会听下去。如果你从一开始讲，近代社会的发展，近代化的情况，一步一步地走下来的话，他会打瞌睡不愿意听。所以同样的道理，用什么样的方法表述，对于一个老师来讲是很重要的一门艺术。比如说同行之间谈一个问题，可以不必要这样，但是你在课堂教学中，要给不很熟悉的人讲这个问题，你就必须采用一种方法，你得把他拉住让他听下去，否则你所有的努力都是失败的。

4. 讲义和提纲。因为内容比较多，不可能把所有的问题都全部展开，只能提纲挈领简单地给大家说一下。我觉得讲义要有，我讲每一门课都有讲义，而且都比较厚，讲义的内容超过我讲课的内容，比如说我讲四节课，两个半小时的课，按说两个半小时的课的讲义差不多七千字到一万字，我的讲义一般都在一万五到两万字，讲义内容超过讲课的容量。关键我在里面凝聚了很多东西，我不是照着讲义去讲，因为我在备课中，很多东西都铺垫在里面了，讲义对你讲好这门课是一个储备，你有一桶水才能倒出一碗水，你只有一碗水想倒出一桶水那肯定是不行的。

那么这个提纲呢，我的意思是要简单、简洁。提纲的简洁能让听众一下子把握你所有讲课的脉络。然后到讲课的时候，我准备一个备课的大纲，这个大纲介于提纲和讲义之间，是在提纲的基础上，把讲义的内容用标注法标注在提纲上，我在一个题目下面，用不同颜色或者用括号标注几个东西，在这个标题下边，注明要讲内容的小标题，比如说我要讲出两个理论问题，我就注明这两个理论问题是什么；再比如我要举三个例子，我就把三个例子的题目列在上边，其他统统都不要了，一看这些标题就知道要讲什么。这个大纲比发给学员的那些提纲多一些标注，这些标注，是你讲课的提示点。如果你照着讲义去念，你的课肯定讲不好，因为这样做会减弱你讲课的亲和力。大纲怎么编制，怎么安排？应根据讲义的需求和讲课的时间的把握来操作。我的基本做法是：把提纲发给学员，上面有参考书目，有大体的安排，不会太复杂，如果你想让学员多了解一些东西，还可以印一些资料发给学员，让学员增加对这门课程内容的了解，但是它不影响你的讲授、你的主要观点和材料，包括事例。我觉得讲义和提纲是可以供大家参考的办法。

5. 读书与积累。读书与积累是备课的一个基础，比如说大家评论某个人有料，什么叫料？就是读书和积累的关系。其实会听课的人，最重要的是听材料、听观点，再就是听方法，听方法不仅是听你讲课的方法，而是听你解释问题的思维方法。你想在课堂上让听众获得很多的知识和信息，学到很多的东西，那么基本的东西就三点：基本材料、基本理论、基本方法，这三点是所有听众在课堂上收获的总内容。那么这些东西你怎么得来呢？就是靠平时读书积累。所以平时多读一点书，跨学科地读一点书，要跨出自己的小圈子、小专业，要博览群书，这样对增大自己的知识面，增加自己的积累是有很大帮助的，在你讲课的时候，会给你增加很多的材料，丰富你表述的语言和表述的方法。我有时候讲某个理论，为了把这个理论讲清楚，要去寻找一个精彩的例子，为了寻找这个特别精彩的例子，我要去找各类书。有时候一个事例，可以使你的一门课很精彩，所以不要小看一个例子。

再一个就是表述方法，表述方法比较多，它涵盖的内容比较多，比如说有的人愿意用四六句这个套话来表述思想；有的人呢，愿意用一种思辨的办法，用带有一定的哲理性的语言表述一种思想；还有的人呢，愿意用一种很朴实的，老百姓的白话来表述一个很复杂的理念。这些我觉得都无可厚非，都是自己的风格，关键看表述是不是最优秀的、最好的。当老师我觉得就是要追求一个最高的境界，要用最高的、最好的表述方法，这一点如果你做到了，你就是当得非常成功的老师了。

表述方法和事例，不是天生就会的，谁也不是一生下来就会表述，要靠平时积累，要从别人的表述那里学会运用语言，来表达自己的思想，把复杂的思想浅显化，把很艰涩的理论用很平白的语言、很容易记忆的语言解释出来，这些是自己创造不出来的。你可以从读书中学到或从别的地方学到，然后你把这些积累下来用到你的教学当中去，积累得越多，讲课的自由度就越大。对一个老师来说，我认为这些都是在课前要做的基本功。

二、怎样使语言有魅力

1. 消除病态语言。广东人有时候用一句很形象的话来形容某人的讲话，说其讲话有磁性，其实讲话是不可能有磁性的，这是一种形容。所谓的磁性，我想无非就是吸引力、亲和力，使语言有魅力。这是作为一个老师首先要做到的。我谈四个看法，首先要消除病态语言，这对任何一个讲话者来说，尤其是靠语言吃饭的人来说都是基本功，不管你是说相声的，还是说快书的，就是靠嘴巴吃饭的人要做的基本功。我大学毕业之后，在南京高级陆军学校任教。第一年就是语言和咬字的训练，那个时候学校对军队的教师是要有基本功训练的。比如让你讲一个问题，或给你一个题目要你讲，你讲话过程中出现了多少次语病，专门有人给你记录，然后纠正你，比如："这个""这个""这个"就是语病，讲"啊""啊""啊"三个就是语病。这说明你的思想不连贯了，这种语病的出现，就会使你与听众之间产生距离。你可以讲得慢一点，可以把你讲话的语速降低，但是你不要用其他的声音干扰。特别是对一个多年从事教学工作的老师来讲，应该把语病彻底消灭。

除了消除病态语言之外，在表达上还要把握几个要点。第一，要简洁。简洁就是一个思想、一个理论、一个表述，能够用一句话说清楚，就不要翻过来颠过去地讲几句话，一个思想已经说明了，再说第二遍就是炒。这个炒就是炒冷饭，就是炒多余的饭。只有你的脑子里面把所有想的问题彻底地弄明白了、搞清楚了，像水一样地清澈见底，这样你的表达绝对不会拖泥带水。不管是文章还是讲话，简洁都有它的生命力。第二，要平白。平白是什么意思呢？就是你不要讲得太艰涩。要做到平白不艰涩有什么窍门？首先不要用太多的书面语，我们写文章时用的语调及书面语，不要用到讲话中来。古人写文章是写文章，讲话是讲话，到了“五四”以后推行白话，就是把讲话用作写文章了，所以讲话和写文章分不开了，我们现在写文章和说话差不多。其实真正在表达的时候书面的语言和讲话还是有区别的，你的文章看上去能够像你讲的话一样，那是高手，如果你的讲话听上去像写文章一样，那是等而下之，非常失败。语言要平白不艰涩，可以使人在很短的时间内不费力地接受你的东西。

谈到这里我插一段话，我在追求文风的过程中，也可以说是在探索的过程中走了很大一段弯路。最早的时候，我喜欢比较抒情的散文，看上去比较浪漫，后来我发现其实这东西就是一个壳，如果抽掉了内容会让你感觉到很造作。当你发现浪漫也好、抒情也好是一种造作的话，你就会觉得不是病态也有点傻，无病呻吟，还要在那里抒情不是很傻吗？所以我就开始转变了，我转变为追求义理的深刻，就像有些人说的开始玩深沉，于是我就看一些比较深刻的文章。上海社会科学历史研究所有一个研究员叫杨国强，杨国强的文章写得非常的艰涩，但是很耐读，读他的文章就像吃九制陈皮一样，不能像喝稀饭那样喝，而应放在嘴里面慢慢嚼，越嚼越有味，一篇文章可以让你看10遍甚至15遍，每一遍都有不同的感受。他的文章很老到，每一句话的用意都非常深，而且每一个材料用完后要品味再三，其技巧之高、选词造句和用意之深刻，当时让我倾倒。我就开始去模仿人家这种文风，去学习这种行文的风格。但是经过很长一段时间的学习与练习之后，我发现了一个问题，如果关起门来自我陶醉，自以为清高、深刻，那也罢了。但是你写的东西总是要给人看的，能够看懂的人没有多少，你的思想也就没有办法传达给别人。所以我就去追求一种很浅显、很平白的文风，我觉得这种文风对表达思想是更好的一种手段。在这个方面我找到一个最好的典范就是钱锺书的夫人杨绛，我建议大家有机会可以看一下杨绛的文章，她的文章有一个很重要的特点，即全是短句，五六个字七八个字就是一个句子。她没有很多人文章中的二三十个字，一段不够再一段，再一行转过来才有一个标点符号的这种长句。它都是短句，但是它表达的思想、表达的意念不浅，谁都能看得懂，没有艰涩的字，没有艰涩的语句，没有很长的状语和宾语。所以后来我发现，杨绛的文章可以把很复杂的思想接驳过渡给受众，这是很了不起的一种表达方式。这种语言的表达方式、文字的表达方式，都是可以汲取的几种方法。在讲课当中，其实也应该用这种很平白的，老百姓能听得懂的话来表达深刻的理念。有很多人说理论课不好讲，好像其他的课就好讲。为什么故事好讲，理论不好讲呢？这说明理论不像故事那么平白，这说明我们讲课的功夫还不到家。我想首先要消除病态语言，然后把语言提炼得简洁、平白。

2．顿挫和语速。讲话要有顿挫，如果你发的声音都一样，就像汽车喇叭一样一个调，没有音节、没有高低，大家就容易睡。有时候讲到情绪上来的时候，我想大家也会有这样的体会，讲到你的情绪的宣泄达到一定高度的时候，你不妨停留三十秒，保持肃静，课堂上连一根针掉在地上都能听得到，每一个人的心跳你都能听得到，这个时候你是一种最大的享受。在顿挫当中你会有一种享受，不是连篇累牍地轰炸一番灌给学员就完了，这不是艺术，没有美的感觉。所以讲课当中懂得顿挫，有抑扬顿挫的感觉，我觉得这样可以使语言超过音乐。音乐为什么好听？因为它有许多的抑扬顿挫和起伏。

下面讲语速，语速太快了，听众太累。不要说两个小时，20分钟都受不了，因为人的大脑在接受信息时有一个高速运转的过程，有的人的速度比较快，有的人的速度慢一点，他接受不了这么快，还有一个反应的过程。你讲得速度快了他跟不上，只要有一句话断掉了就影响后边一系列内容的接受。所以语速要控制得比较适中，能够让大家在听的过程当中，丝毫不费力地接受，不累，这就比较好。那么有人说语速慢了课讲不完怎么办？语速降下来了，你讲课的进度从哪里来呢？就是要做到少废话、简洁、不要重复，从这里挤出时间来解决问题。

3. 亲和力问题。我觉得最典型的事例就是刚开学时学校请来的中央党校的臧志凤教授。老太太这么大岁数了，你听她讲课，姑且不论她讲的什么内容，你愿意听下去，这是为什么呢？这就是亲和力，她只要一发声，她只说一说话，你就愿意听，这就是亲和力。有时候，我们在一块讨论一个问题，你总有发言的机会或者是在听别人发言，有时候你会产生一种感觉，别人也会有这种感觉：这个人讲话讲的什么东西呀！“讲的什么东西”这个话里面包含着两重含义：第一，他讲的没有内容；第二，讲的没有亲和力。其实有的人讲话没有太多的内容，但是他有亲和力，你愿意听。就是这个亲和力它可以拉近讲话者和受众的距离，使听众再困难也愿意听下去。比如说快书的、说评书的，人家都看不到人，还要把收音机放到耳朵旁边听，为什么呢？就是一种亲和力。如果说它那个内容叫我们像读报纸一样读，再好的内容也把别人读跑了。语言要讲究亲和力，恐怕是一个要长期摸索学习仿效的功夫，让我几句话表述亲和力是什么，怎么才能做好这一点，我也说不清楚，但是我提出这个问题来，大家去琢磨，琢磨为什么有的人讲话别人愿意听，这种亲和力从哪里来？它和你讲话时候的专注，讲话时候脑子的洗练，讲话时候的那个表达情绪的融会贯通都融合在一起，它是一个综合的东西。这一点我提出来希望大家能有所关注，一个老师讲话有亲和力的话，哪怕你讲的内容枯燥，它也会让你生出花来，这真是一俊遮百丑。

4. 语言的魅力所在。语言的魅力在什么地方呢？在智慧、在幽默，这是语言永久的生命力。你讲话就是表达思想，你表达的思想如果很笨，人家还听你的干什么？就是要有智慧，别人能受益，人家才愿意听，这是语言的魅力。另外，语言要幽默，幽默可以使别人在受益的同时感到欢快，所以它的魅力就产生了。但是我这里说一下，这两个不同的概念会使我们产生不同的认识，比如说聪明，有的人说我很聪明呀！你聪明不等于你有智慧。聪明是什么呢？聪明是你先天的生理上的条件，你智商高、聪明是你先天的。而智慧呢？在聪明的基础上又加进了后天的软件，增加了很多内容，装进去了很多资源，所以你才有智慧。你说光买了一个奔腾4的计算机，机器很好，硬件很好，里面没有东西呀，它没有智慧。一个人要将聪明转化为智慧，一定要有内容。这个内容是什么呢？就是要去读书，要装进去很多知识，而且是有用的知识，要经过很好的处理，要经过很好的编程。经过很好的处理而不是散乱一堆，如果是散乱一堆的知识放在那里，再高的运算速度也不可能升为智慧，所以要理解聪明和智慧是两码事。

和幽默相近的还有一个概念就是滑稽。幽默不等于滑稽，所以有人说我讲课，为了让学员给我喝彩，我搞一点噱头，弄一点滑稽，编一点段子，讲一点笑料。你想耻笑别人的同时，很可能会落个被别人耻笑的下场。幽默不等于滑稽，滑稽是你的话还没有讲完，人家就已经开始笑了，而幽默呢是你的话讲完了，别人要想一想才会笑，这是幽默。幽默是智慧的结果，而滑稽是表演的结果。所以，我说讲课不要聪明过头，最后演成一个滑稽剧，而要通过自己的幽默把智慧表达出来，这是高超的艺术，是语言的魅力。关于这个我只能讲到一个具体的体验和把握，每一个人都有自己的特点和发挥的方法。在课堂上，如果你的课当中充满着智慧，人家会忘不了你这个人；你的课如果幽默，能给人家带来快乐、欢愉的话，人家就还想来听，这就是魅力。什么叫魅力呀？老想找你，这就是魅力。要处理好它们之间的关系，去寻找一些好的幽默的事例而不要把它们跌落成一种滑稽，你就成功了，这就是语言的魅力所在。

三、讲课的技巧

1. 是否脱稿。有关脱稿的问题，我在讲“讲义和提纲”的时候就表达了我的看法，但是我并不完全赞成一定要全部脱稿，机械地去做。你有一张纸、有一份稿子放在这里也未尝不可。你如果把课讲熟了，不用稿子，拿着一根粉笔上讲台，别人一看这老师还没有讲稿，上去讲话就很流利，这也可以。我觉得这是自己的风格，是否脱稿取决于你对这个课堂讲授内容的把握和熟悉程度。当然了，脱稿的效果要远远地好于不脱稿。但是即便是不脱稿，我希望大家不要照着稿子念，要跳出稿子，这样才叫成功。如果照着稿子讲，你的思路跳不出稿子，没有发挥的余地和空间，课就讲不好。你就像关在鸟笼子里，被人束缚在一个很小的地方，没有可以施展的余地。思维没有空间，表达也就没有自由度。稿子对我们来讲是一根拐杖，离开它可，有它也可。有它，可以不至于离题万里；没有它，可以讲得比较纵横、比较发挥自如，很多东西可以信手拈来去讲。水到渠成、信手拈来的话题往往比你事先准备的东西来得自然，所以脱稿和不脱稿的处理关键在你个人的掌握，在你对课堂和课程的情况的把握。我这些年来讲课基本脱稿，但对一些新课的把握，包括时间、布局等一系列的问题，尺度不可能把握得那么好，因此有一个大纲放在那里还是好一点，这是一个体会。

2. 教姿和手势。我们现在讲课不太讲究教姿和手势，我曾经在电视台做了几次节目，电视台导演和主持人给我提了一个意见，说：“你上镜和在课堂上有所区别，在课堂上你没有手势就是一堆木头，但是上了镜，你再用手势就是张牙舞爪，你上镜就不要那么多手势。”我才知道这个教姿和手势在不同的场合有不同的要求。我1982年到南京高级陆军学校工作，该学校对1000多个教员上讲台之前都要进行一年的严格训练，上讲台必须讲究教姿，教姿是很有要求的，比如说手势，必须五指并拢，你右手摆动的幅度向左不能过左肩，向右不能超过一个肩的宽度，就给你这个空间的摆动幅度。你不能用两个指头或一个指头去指，这样做就是手势失败。规定你的教姿必须是站在这里，而且不允许你在讲台上从那头到这头踱步，像精神病一样，这是不允许的。你可以走动，但是只能在黑板的边缘之间活动，不能超出这个范围，而且走动的步子要缓。这一系列的训练应该说对一个教师的讲课是有好处的。最早的这个训练到现在我还记着，我觉得有点教条主义，大概是从苏联学的这套东西。而且野外讲课的时候不用麦克风，两百人站在一个大广场上，你就喊，喊的时候，手还要指挥，要求你把声音提高，要求你站直，你要指挥手的摆动，你喊的声音要根据场合的变化，做出各种姿态，来作为教学的辅助。有时候后边的听众也许听不到你的声音，但是看到你在比划，知道你说什么意思，教姿有这个作用。当然了，我们现在的教学不像军队的教学，我深深地感到不像军队这么严，我们现在的老师都没有受过这种训练，学校也没有提出过这种要求。但是，一个老师要讲好课，应讲究一点教姿，应该注重自己的手势。有的时候讲课时拿着支笔这样随便指点，都会给人一种很轻浮的感觉，不好。

3. 风格和气度。每一个人都有自己讲课的风格，不一定非要去苛求一种风格。我大概是性情中人，比较喜欢情绪的宣泄，讲到高兴的时候呀，情之所至，兴之所至，兴头上来了，挥洒自如，这样也很累，消耗中气，像江河一样地奔腾汹涌。但是有的人呢，不是这样讲课，他讲课坐在这里，细声细语娓娓道来，如涓涓流水，也照样可以滋润你的心田。风格不一定要追求一律，但是每一种风格要和你娴熟地运用相结合，你不要今天雷声大雨，明天又变了另一种姿态。风格形成的过程也是一个摸索的过程，进入中年或中年以后应该基本定位，要有自己的讲课风格，就像一个演员一样，要有自己的戏路。这一点任何一个老师都应该是有所追求的，应该有自己的风格。

气度是一个比较难讲的话题，在课堂上有的人大气恢宏，比较豪放，给人一种很宏大的气度，还有一种好像不是这个样子。但是不管用哪种方式，你首先给人一个感觉，你对这堂课的驾驭和把握上，要有一种气度。我觉得这两种气度的结合恰到好处就是成功。你外在的表达的气度，比如说你这种外放的气度和你的课程内容是一种很内敛的结合，这种表达，不一定能收到很好的效果。所以我想每一门课在讲课的气度的把握上，应根据内容做一些调节，这个可能是一种体会，具体的要根据情况定。

4. 提问与回答。这两者是讲课当中常用的方式，我个人不太赞成在课堂上去向学员提问，因为我们是成人教育，都是相当级别的干部，不是中小学教育。小学生坐在那里不想听课，老是看窗户外边，你把他叫起来问一问，是不是这个意思呀。你提问下面都不吭气，这样显得很傻，不要在课堂上这样做。你在教学当中要给自己树梯子，梯子要放在什么地方，要让学员提问，要学会这种方式，课程讲到一定的程度，你留出时间给学员，请大家就你讲的内容提问题，大家提问，你回答。这样做，比你提问让学员回答要来得好。回答问题也有很多的办法，我在佛山图书馆讲课，他们的主持人要求我拿出20到30分钟时间，给所有在场的人提问。那个场面是很大的，这是那种大家随便听的公众讲座，一个礼堂坐三四百人，坐得满满的。讲完之后，下面就递条子了，条子在桌前一堆一堆的。我一开始比较老实，就念一个条子回答一个问题，有的条子念出来之后没法回答，比如有一次我收到一个条子，他说："刘教授，请谈谈你对法轮功的看法。"你说怎么谈这个事，要谈法轮功不好，下面就会有人就给你喝倒彩，有些人会说，你这个人太正统；要是说法轮功好，你还干不干了。我当时没有法子，便说："你不是要我死嘛。"大家哄然一笑，这个问题就算回答了。后来我就学得比较狡猾了，这么多条子上来之后，我把条子打开看，反正不可能都回答，我看了四个条子，找一个好回答的我就念了，其他的我就给他PASS了。你不可能都念，也不可能都回答，时间也有限，所以呢，有一些没有回答的，到最后都来一句，时间关系呀，不可能一一回答大家的问题，希望讲座结束之后，大家再分别找我。这样把大会回答变成下边提问，范围小、影响小、麻烦少。在一些比较大的场合，比如上千人的场合，有时候听众的提问是很尖锐的，你不可能完全绕得开，处理提问的办法最好能够让对方感觉有点智慧和有点幽默在里面，可能会使问题回答得比较好一点。有一些问题是单刀直入的，比如我在深圳电视台魔方舞台做节目，谈加入WTO，这个节目原来说的是要我们就讲一讲便可，说得很简单，我和王桂德教授去了，坐在那里像真事一样，没想到讲了没三段话，全部都是提问了，我们一点准备都没有，接着就是铺天盖地的问题，我们全傻眼了，老王着急我也着急，而且下边坐的人呢，水平都相当的高。我们说加入WTO有很大的意义，可以给我们带来什么什么好处。我刚讲完，下面就有一个提问了，他说："教授呀，你说加入WTO可以给我们带来很多好处，但是我们觉得加入WTO以后，我们增大了农业的危机，增大劳动就业的难度，很多人下岗，带来了一系列的问题，我们感觉到很痛苦，我们只感觉到痛苦，请你回答这个问题。"这是不是很麻烦，直接向我挑战，像这样的问题，正面回答非要发生冲突。所以回答提问是一个非常难的事情，回答这样的问题，必须要动点脑筋。我当时回答这个问题的时候，也是突然脑子一转，我想正面没法回答，我就说："幸福和痛苦总是粘连在一起的，你怎么可能把幸福从痛苦中剥离出来？加入WTO这个事情本身就是痛苦和幸福在一起的事情，你不能光体验痛苦，不去看你所享受的幸福，也不能光享受幸福，看不到痛苦。"事情是两个方面的，其实你只要一点破他的思维缺陷，就给自己解围了。围魏救赵，回答提问的技巧其实有很多东西是在熟练地应付各种场合的情况下产生出来的。

5. 教具与课件。我对学校前几年提倡做课件这件事情是持积极的支持和赞成态度的，但是我对这个问题也有一定的看法，我觉得这毕竟只是一门技术，讲课不是靠课件堆积出来的。你说在上课时，噼里啪啦地那么操作，挺热闹的，那放电影或远程教学不就行了，不用费这个事了，要你这个教师站在讲台上干什么？站在讲台上就说明这是一门艺术，它要靠你个人的表达来完成这门艺术，而不是仅仅靠一些技术手段，当然技术手段是重要的补充。所以我想呢，讲课需要教具，有时候没有教具不行，没有课件也不行，特别是一些技术性比较强的课程，可能需要较多或大量地制作课件，方便学员把握和理解，有好处。但是，这里头不能偏废，课件和教具不能够代表讲课的技巧和艺术。再一个就是课堂讨论和游戏，我觉得这个问题我提出来，是因为我对它有一点看法，我不很赞成在课堂上展开激烈的辩论，这样很可能成为脱缰而出的没法收场的野马，教师想在课堂上把所有人的关注力都牵住，是非常困难的事情，更何况讨论就根本没法驾驭。这个事情，如果能做得好，当然是一种很高的艺术，但是，往往不容易做得非常好。课堂上做游戏，如果做得好，会使大家寓教于乐，但是做得不好，会给人一种很浅薄的感觉，有点让理论学习的课程儿戏化了。我自己感觉有一些课程通过这种方式便于理解，用这个方法也未尝不可，但我认为没有普遍推广的必要，要根据每堂课的不同情况，采取不同的方法来解决不同的问题。

四、调节听众的注意力

1．开头与结尾。课讲得好不好，这个部分很关键，你怎么样把听众抓住，这里面有很多技巧性的东西。首先我讲一下开头与结尾，讲课最重要的，我认为是开头与结尾，一堂课成功不成功，关键看前15分钟。这些年来，从事教学工作我有一个深刻的体会，评价一个教师的课讲得好不好，不一定要把他的课全部听完，听15分钟就够了。如果过了15分钟他还没有走入正题，说明他的课已经失败了。为什么？你说且慢，且听你下面的分解，人家不听你分解了，即便人家坐在那个地方继续听课，表示出很恭敬的样子，其实脑子已经三个跟头翻到九天之外去了，在想股票，在想单位里各种人际关系，在想竞争上岗的事情，根本没听你讲。前15分钟，因为刚刚接触你，要对你有个印象，坐在那里听，15分钟你还没讲出个一二三，就不听了。开头的15分钟，对我们每个教师来讲，是黄金时间，不用好这15分钟的黄金时间，你这门课就已经失败了，后边你讲得再精彩，没用了，没人听了，你想再把大家的注意力拉回来，那真得费九牛二虎之力。开头的15分钟是你能否抓住所有听众的关键，所以讲课的开头你一定要设计好，用什么办法开头能够把人的注意力抓住、吸引住，这个开头可以是小高潮，可以是小悬念，也可以在开头提出一系列的问题，让人家去爬这个思辨的小山坡，然后才能顺势而下，这样才能将你的思路一泻千里，一直贯穿到底，否则很难说你能驾驭得非常好，所以我说开头要非常注意。

再一个就是结尾，开头是唤起听众，结尾是收取人心。结尾要结得好，好到什么程度呢？好到他还想听的时候你没有了，就像给孩子吃饭一样，你不能紧着他吃，吃得他饱得要命啦，你还给他吃，下顿他不吃了，吃到八成饱就够了，满足了他的需要，再多就是画蛇添足，想听，没有啦，下次再来，且听下回分解，要戛然而止，这个高潮完了以后，要有悬念，要给听众留下一个很大的思索空间，要他自己去思考，沿着你的思维惯性，再继续驰骋一段时间，在没有你在场的情况下，他还在脑子里继续演绎你的思维，这是你结尾的技巧。不是说你这个课还没讲完，人家就盼着出去啦，都想着回去了，下楼开车或去洗手间了，就是给你一个高分也是言不由衷。所以你能否获得很高的满意率都在结尾，结尾结不好，你的满意率高不了。我的体会是这样，你开头开不好，下面的听众不跟着你跑；结尾结不好，听众的满意率不会高。所以，开头和结尾对一个教师来讲，是这门课的设计能否成功的关键，你的教学评估的分数能不能上去，很大程度上取决于这两点。

2. 高潮与过渡。一堂课要有高潮，这个所谓的高潮，就像说相声一样，包袱到最后才抖开。说话要有铺垫，然后逐步走向高潮，达到一种思辨情绪，达到一个高潮。一堂课当中一定要布置高潮，没有高潮的课，肯定会使人睡觉。一堂课可以有一个高潮，也可以有两个高潮，可以有一个大高潮，也可以有几个小高潮，根据你的内容来布置、来安排。课程的安排过程当中，如果能布置好高潮，这堂课就是一堂很成功的课，就像一首歌曲一样，总要有一个高潮给人一种愉悦的感觉。讲课的时候要达到一个气氛的高潮、思辨的高潮来吊起听众的胃口，要达到这样一个高潮要靠你的思考、你的讲授技巧，也要靠你的表达。但是如果一门课，全都是高潮，高潮起伏，大家会听得很累，那也不行。因此，在高潮和高潮之间要有过渡，这是一个技巧，是要让听众继续听我的课，让他衔接我的思维，而且还要让他休息，不要太累，去迎接下一个高潮，这就是过渡。我的体会是，可以穿插一些故事、一些事例，或者是做一些其他的解释来过渡。如果过渡得好，听众感觉不到你在过渡，还以为处在那个兴奋当中；你要是过渡得不好，就会断气。高潮过去了，歇口气，这个时候最容易犯困，你再想把注意力拉回来又难啦，所以过渡一定要好。整个讲课内容在安排方面要有很大的技巧，所以讲课的思路不光是逻辑的思路，还有讲课技巧艺术衔接的思路，这个方面也要照顾到，不然的话，讲课想取得很好的效果不容易。

3．穿插和跑题。在讲一个重大的问题或者讲一个主要的问题的时候，插进来一个其他事叫穿插；讲着这个事的时候，突然顺着这个事跑到其他地方去了，离开主题了，这叫跑题。应该说在正常的教学当中，穿插和跑题是应力图避免的事情，枝蔓太多会影响教学主线，要一根主线贯到底，不要这么多枝枝蔓蔓的东西。所以，原则上来讲，少穿插，少跑题，是讲好一堂课的关键。当然有时候这个情况也不尽然，我比较喜欢用穿插和跑题来调节教学的效果，调节听众的注意力，用穿插和跑题来完成高潮之后的过渡。这一个高潮完了之后，在另一个高潮起来之前，我用什么东西过渡呢？我有时候用穿插和跑题来过渡，因为我不可能每次都把这个高潮和那个高潮衔接得那么好，没有东西衔接时，我只好用跑题的办法，既让大家休息又让大家能够过渡过来，适当的跑题，跑得恰到好处，不露痕迹，穿插得好，不要太久，它可以起到意想不到的效果。但要是用得不好，就会把课堂的主线全部冲垮。我记得我在讲曾国藩的时候，讲他的思想演变，讲近代中国社会发展变迁的历史过程，这是主线，但是在中间过渡的时候，我穿插了一些内容进去，穿插曾国藩的人脉关系，他的关系网，其实这些内容和主线没有关系，我在课堂上穿插，大家很愿意听，因为都知道这些人，但是不知道与曾国藩有关系，我把大家零星知道的事情都串起来，所以大家愿意听。这个过渡，让听众得到了休息，而且可以使其了解整个社会发展背景的网，那个背景的底色，所以这个穿插用得好会起到很好的教学效果。

4．不要拖堂。比如我们规定11:30下课，我的体会是不要超过11:15，提前十几分钟，这样可能教学效果最好，你哪怕是有再多的话要讲，你也要舍得砍掉自己最精彩的部分，把这个时间让给学员，让学员在规定的时间之内正常地下课，该休息就要休息。对时间的把握是衡量你教学艺术水平高低的一个关口。看一个老师成熟不成熟，就是看他在时间的掌握上，比如说这个课，给我4个小时让我讲完，我上去就讲4个小时，超过5分钟都不会；如果让我讲1.5个小时，还是这个题目，我就上去讲1.5个小时，不会超过5分钟，到了1.5个小时我就下课，而且整个要讲的内容全部讲完，这样才是真正驾驭课堂，整个教学内容把握得非常好。你不要讲着讲着，塞进去很多东西，而原来要讲的内容讲不完了，就赶快一二三往后边排，急急忙忙地往上赶，像赶火车似的，你挤上去的这些东西都是学员不想要的，不想听的，你塞给他，等于塞给他一只死猫，这有什么好处呢？他不愿意听，你又很累，这真是吃力不讨好。所以你不要那么惊慌，也不要紧张，你看着时间差不多了，提前结束，哪怕砍掉一些内容，不要紧，该结束就要结束。拖堂是一个老师教学经验不成熟的表现，一个比较有经验的教师在课堂教学上，在时间的把握上，上下不会超过几分钟，这也是一个技巧。

五、艺术性离不开思想性

1. 思想与情绪的把握。讲课是一门艺术，但单讲艺术是不能把讲课提高到一个很高层次的。课堂的艺术很大程度上依赖讲课内容的思想性，不管你讲什么课，哪怕讲诗词修养，哪怕讲公文写作，都可以融进思想性，这是很高的技巧、很高的修养。

这里有两个东西需要把握：一个就是思想和情绪的把握。所谓思想和情绪的把握，主要是授课老师对自己和对课堂讲授的思想和情绪的把握。情绪是燃烧的干柴，你要想把这火点燃的话，用老百姓的话讲就是煽情，像倪萍一样，一煽就群起，热闹非凡，但是过去之后，不容易留下很多东西。我到党校来不久，在1996年或1997年给处干班的学员讲过一门课叫“爱国主义”，讲这个课的时候，大概是我当时也有感情的投入，讲到民族主义、爱国主义的时候，情绪比较亢奋，比较激愤，讲得学员比我还激愤。讲完了之后，我说下课了，有个学员站起来说，教授今天你这个课如何如何，他比我还激动，说起来倒很感染我，这个学员的情绪被我煽动起来了。但事后我分析了一下，一个冷静的好的教师，不应该单纯是在课堂上煽动学员的情绪，你说你又不是法轮功，你去煽情干什么？你煽情的效果是什么呢？我们要传达给学员的是理念，而不是一种情绪。所以我越来越觉得，情绪性的东西要少一点，少宣泄，有一点渲染就够了，不要太多。

那么思想呢？思想是流淌的血脉，是一个课当中，支撑你的课堂的一个骨干，有没有思想性，是这个课能不能讲好的重要条件。讲概念性的课比较头痛的是什么呢？是对一些概念的解释，比如说你要解释一些概念，要在黑板上板书，解释完了以后，大家都不听，这概念太枯燥了，大家不愿听。问题在哪里呢？就是你这个概念解释得太学究气了。我在复旦和山大给研究生讲课，在中央党校讲课，没有出现这个问题，但在我们党校讲课就有这个问题了，我给我们学员讲课，解释概念，就不受欢迎，原因在哪里呢？我后来发现他们听不懂概念，对概念不感兴趣，你怎么样让他们对理论概念感兴趣呢？我发现你把概念的解释融入思想性当中就能取得成功。你讲课要贯穿一下思想，要抛出一个悬念，要布一个局，你在布这个局，抛出这个悬念的过程当中穿插概念，这个时候，由于有悬念在吊着他，他非听你这个概念不可，听不懂你这个概念，他就没有办法把悬念延续下去，所以他会非常认真地听，而且他会觉得很有收益。所以，能否把概念融入思想脉络之中，是你的理论课能不能讲成功的一个技巧。

我觉得在每一个人的教学当中要摸索、要体会，要是把一堆陌生的概念堆砌在那里，推给学员，学员根本不收，他不收，你怎么办呢？你把思想的东西，像血脉一样的东西在学员的思想当中流淌，把你的概念融在里边，灌输给学员，他就可以接受了。大家可以去体验一下，我尝试过，我觉得很好。

2. 联系实际的升华与理论的解剖。讲理论课第一要联系实际，第二你要对理论进行解剖，这是大家都知道的，但怎么处理这个问题，怎么能够把理论课讲得更好，也有一些技巧值得探讨。联系实际要有升华，不是说我联系实际完了就完了，你要说明问题，你讲一个实际的例子，是为了说明一个问题，之后你还要有一段升华，要对这个事例有一段升华和概括的提炼，缺少这一环节，你的联系实际就失败了，它就衔接不上。而且，听众也会觉得听下来，好像不怎么振奋，也听出来联系得不是很密切。我在讲"以德治国"与"传统文化"课的时候涉及一个问题，其中讲到了信仰对一个国家、一个民族的重要性，这个问题是一个很大的理论性的问题，对于这个问题我做理论上的解剖，其实大家明白，对这种东西解释不了几句，人家就不愿意听了。信仰这个东西，你怎么给人解释呢？我们刚刚从意识形态王国当中走出来，正在淡化意识形态，现在又讲信仰的问题，怎么能够把这个问题讲透呢？我当时举了一个例子：湖南有一个偏僻的山村，改革的春风吹来了，这个山村一夜之间致富了。记者去采访为什么致富，发现这个村庄的人吃铁路线，到火车上去扒东西卖，然后就富了。这个小山村有42户人家，有一户人家没有致富，很穷，还住在茅草屋，我当时的叙述不像现在讲得这么简单，稍微有一些修饰。记者去采访这户人家："为什么人家都住了砖瓦房，你们还住茅草屋，人家都致富了，你们为什么还这么穷？"那家的主人把门关上，悄悄地对记者说："我们信基督教。"讲这个例子，关键在点评。我下面没有很多的话，就一句话点评。我说："你看他信教，他的灵魂有人管，这就是信仰的作用。信仰，你有了这个信仰，就有了虔诚的心态，就能够克服狂躁，就能够抑制人性当中那些最恶劣的东西，这就是信仰的作用。"一下子就升华了这个事例和理论的衔接，这个升华可以让你的例子用活用足。所以，一个精彩的事例对理论的解剖，比讲一万句话都管用。这里讲明信仰的作用，他的灵魂有人管，耶稣管他，上帝管他，他就可以不去冒天下之大不韪，做非法的事情。

联系实际举例子，讲述一个理论问题，不是简单的套用，一定要有提炼，提炼要和你阐述的理论问题，所要论证的理论问题，紧紧地相扣，而且要有升华，要有思想性的升华，这样你的课堂的艺术性才能有更高的表现。对理论的解剖也是一样，你举例子来解剖，不是说你讲几个四六句，引得大家在课堂哄堂一笑，就算解剖了一个理论问题，没有那么简单。所以讲理论课怎么讲好，我觉得这里面有很多值得探讨、值得研究、值得琢磨的东西。作为一个老师，如果打算吃这碗饭，不管是形式还是内容，都要在这方面做一下探讨。不是说拿出一个本子上去记一记，从头到尾念完了就算了。讲课的技巧、艺术性、思想性怎么样体现？用什么样的形式表达出来，可以达到最好的效果？这是一个很值得探求的问题。

3. 少讲套话和书面语（我刚才说过了，就不再讲了）。

4. 对重要的论述要品味再三。我的体会是，一个重要的问题一定要从不同的角度去体会它，这样的话，会大大地加深对这个问题各个角度的认识，会对理论问题还是你所阐述的重要观点和思路有一个深刻的认识。我去年讲中国集权与分权这个课，其中讲到了废除科举的问题，实际上我要通过讲废除科举来阐述近代化将整个中国社会结构给解构了，我要阐述这样一个观点。废除科举只是一个契机，我选了这个契机来解剖中国社会被解构的过程，用这样一个事实，来阐述一个理论。对于这个理论，我从科举废除的角度先解剖它，然后再讲文化的解构，讲社会结构的解构，再讲整个用人制度的解构，再三地品味这个解构，最后包围过去。我用杨荫杭的话，用这些人的话来阐述论证这个问题。所以一个观点我用三个材料，加上一个过去人的很有点睛作用的一段话的解析来反复地品味，可以对这个问题大大地加深印象。所以我感觉有时候一些学员听完课，其他内容可能忘了，但对这个问题的印象很深，他觉得你对这么一个小事开掘得很深。所以，这也是一种思想性和思想方法的表现艺术。你在讲课过程当中，可以拿出一点时间就一个重大的问题进行多方面的品味，把其他内容的时间压缩一下。一堂课不可能面面俱到，让人家接受很多的东西，有一点收获就是成功，与其让人家什么都收不到，还不如让人家有一点收获。我觉得对有些课程可以考虑采取这个方法，比如一些知识更新课，其实告诉人家一个道理就够了，不要在一个课堂上灌输给人家很多东西。这样大家都是囫囵吞枣，没有留下深刻的印象，下课铃一响，走出课堂，全部忘光，没有任何痕迹。

5. 说真话与犯忌讳。最后我想说一个问题，我们政治理论教学和党校的教学，有一个难点，就是说真话和犯忌讳的问题。不怕大家笑话我，我当年入党校门的时候，知道学校在讨论是否接受我这个人的时候，就有很多人说不应该让我进党校的门，说研究卖国贼的有什么用？我因为搞李鸿章研究嘛，不同意我来。试讲时我又讲的是曾国藩，讲得也不是很成功，所以他们就认为这个人没什么用。我就只好长期在社会发展研究所，埋头书屋，钻进自己的故纸堆。后来学校很多老师说你得讲课，不讲课还拿这么多钱怎么行，就把我从故纸堆里赶了出来，赶到了课堂上开始讲课。

开始讲课的时候我比较幼稚，到了课堂上有什么就说什么，怎么想的就怎么说了，结果很多意见反映到了校长那里，说这个人讲课乱讲，党校姓党，你能乱讲吗？批评我。我经过一而再，再而三的批评之后有所警醒了。我就考虑，你讲对党不利的话，讲那么多干什么？这不是明显有点问题嘛。但是有一些事自己又想不通。说心里话，做个知识分子呀，凭良心做人，有一些事情，我不是不懂，也不是不明白，你让我去讲一些违心的话，我也不愿意，那么怎么处理好这个关系？我想应该这样，有一些事情可以从各个不同的角度来穿透。我们所宣讲的一些内容，不一定要把它全部讲下来，讲它的某一个侧面或者讲它的一个问题，在这个侧面，这个问题上，你表达你的意思，但是又不出格。这样你就能回避很多禁忌的东西。党校的教学，是要有纪律的。学术研究无禁区，课堂教学有纪律。如果说你讲得思想太解放了一点，听得人受不了，他一个电话打给领导，领导就要追究，就要查你。因为对学校来讲，任何一个人的课都代表党校的整体形象。所以在讲课当中，有一些内容关键看你怎么安排，比如在解释一些问题时，你觉得从某一个角度解释不合理，就不妨从其他的角度讲。比如我讲背景，我讲几个层面，总可以对这个问题做出一些探讨，而且做出一些新的角度的研究，不至于直接攻击和冲撞当前的意识形态。在整个课堂教学中不要去犯禁忌，表现你的勇气不在这个地方。真正的勇气，应该是在思想上拿出你整个的体系，而不是说一两句话去发发牢骚，那不是勇气。我很佩服顾准，很佩服李慎之，他们能拿出一个思想体系来，这是勇气，而不是说我在课堂上讲一两句牢骚，骂骂共产党怎么样，那算什么?对于很多问题的认识，你有你的认识，他有他的认识，不能要求所有的人都和你一样认识问题。只不过是你所讲的那个角度，能够让人接受，让人家觉得你是实事求是的，你是有一是一，有二是二，说真话的，态度诚恳，就够了。我觉得这至少是一种姿态，方法的问题倒是其次。从事理论教学的老师，在这个方面都不可避免地要遇到类似的问题、这样的难题。我原来不想讲理论课，老是在近代史的圈子里打转转，因为讲来讲去都是100年前的事情，不会有什么问题，后来就渐渐被逼上讲理论课的讲台了，所以这几年就开始讲一些理论课。当然有一些地方我和上面讲法也不完全一样，我有自己的看法，那不妨，我也照讲，但是我还是以一种探讨的态度。我觉得大家有机会的时候可以好好地探讨一下，这是我们每个党校的老师必须解决的问题，你太鹦鹉学舌了，会被人看不起；你太冒进了，就会有很大的政治风险。走快了，赶上穷；走慢了，穷赶上。处理得比较适中是一门艺术。

我的经验是，观点可以新颖，但是立场一定要站稳。这样人家就会从积极的方面去理解，不会为难你。

所以，说到底，讲课是一门艺术，这是今天我给大家谈的主题。

阅读札记

被运作的历史及其价值

关于李鸿章家书之真伪

透过人物解读历史

历史应由谁来写

被运作的历史及其价值

——评王宜林《甲午海将方伯谦》

方伯谦是甲午海战时北洋水师"济远"舰管带。在丰岛海战中，"济远"舰升白旗和日本海军军旗逃跑，在逃跑时水手王国成、李士茂用尾炮炮击了日舰；在黄海海战中，"济远"舰又擅自离开战场，提前返回旅顺。方伯谦由于在两次海战中的畏缩表现，被清廷以"牵乱船阵、撞伤'扬威'、临阵脱逃"的罪名处死。百余年来，史学界和社会各界一直把他视为民族败类。在电影《甲午风云》中方伯谦被塑造成为一个家喻户晓的反面人物；在中学历史课本甲午海战一章，方伯谦是著名的临阵脱逃的叛将。但是，早在方伯谦死后不久，就断续有人为他鸣冤叫屈，并撰述了《冤海述闻》一书。这就是方伯谦冤案问题的由来。

1989年，方伯谦的侄孙女方俪祥女士（美籍华人）要求停止使用现行中学历史教材，停止播放电影《甲午风云》。1991年，在她的赞助下"方伯谦问题学术研讨会"在福州召开，全面为方伯谦平反，会后出版了《甲午海战中方伯谦问题研讨集》。1993年9月，方伯谦故居正式揭匾，张爱萍将军为之题词。解放军海军司令部有关人士提出，将把方伯谦故居改成中国海军战争纪念馆，成为爱国主义教育基地。海军老兵王宜林撰写的《甲午海将方伯谦》

（海潮出版社1997年版）一书也在这时出版了。尽管为方伯谦翻案的呼声一浪高过一浪，但时至今日，真正能够说明问题的重要材料却并没有出现。目前所谓平反“冤案”的研究，多是在原有材料的基础上进行的重新分析和推测。

《甲午海将方伯谦》一书作者在是书“后记”中坦言其写作的指导思想，是为了“纪念中日甲午海战100周年和北洋舰队中军左营副将‘济远’舰管带方伯谦蒙冤殉难100周年，弘扬民族魂，继承爱国精神，特撰写此书，以飨广大读者”，“以达到树立方伯谦的爱国将领形象”，“确立他的英烈地位和不朽的荣誉”。据了解，作者并不专门研究北洋海军和甲午战争，他本人也特地说明自己“不是历史研究者”，仅仅以《甲午海战中方伯谦问题研讨集》等材料为依据，“以半年多时间和粗糙之笔”写作了这部27万余字的传记。作者的这份勇气和由之做出的种种评价同样令人感到吃惊。是书凭借个别孤证和揣测推理，断定“济远”舰在丰岛海战中挂白旗逃跑，是以诈降方式击退日舰，方伯谦亲自指挥了这场“中外海战史上所罕见”的战例，以此批判了前人所谓方伯谦“匿铁甲最厚舱中”，靠水手王、李二人施放尾炮才击退敌舰的记载。同样，在讨论黄海海战中“济远”舰先退问题时，作者构造了一个所谓“西战场”，说方伯谦带领“济远”舰官兵独自与日舰“浪速”“秋津洲”“吉野”“高千穗”四舰周旋，直至海战结束，“从而减轻了日舰对‘定远’‘镇远’等舰的攻击压力”。由于没有材料支撑自己的观点，作者虚构了多处情节与对话，给人一种身临其境的感觉，正是这些充满想象与神思的精致创作，使作者的著作由史书变成了小说。

要说黄海海战战败的责任全部由方伯谦一人来承担，显然是不公平的，这在史学界已逐步形成了共识。“牵乱船阵、撞伤‘扬威’”之说，经过考证也不能成立。方伯谦被处死，相对另一位逃将吴敬荣来说，处置显然较重。但是在没有可以说明问题的新材料出现的情况下，依靠各种推测和解释来为方伯谦翻案，并把他举到了“民族魂”和“爱国将领”的高度来渲染，显然是一种极不严肃的态度。宽大古人体现了今人的释怀，但主观臆断并不能代替科学判断。虽然学术研究允许推理和假设存在，但将这种方法放大并运用到对史料的解释上去，则不能不使人感觉到这种研究已经远离了史学而日益接近文学。

其实，方伯谦问题在整个中国近代史的研究中并非特别重要，中国近代史需要解决的重大问题有如此之多，为什么非要死死缠住一个方伯谦不可呢？在没有发现有充分说服力的史料前提下，为什么要急匆匆地为方伯谦翻案？对方伯谦的评价，为什么非要搞得如此非学术化？从来不研究甲午战争的人，为什么独独会对方伯谦如此热衷？所有这些困惑，不能不成为史学界日益关注的点和必须打开的结。一个小小的方伯谦，引来无数弄潮儿，潮起潮落，赶海人各有所得。

方俪祥女士出于对自己祖先的爱戴和关注，多年来为方伯谦问题鸣冤叫屈，奔走呼告，至情至性，感人良深！方女士对中国史学界和史学研究的关注和赞助，确确实实感动和推动了一些从事史学研究和不从事史学研究的人的热情，王宜林先生的著作也是这种热情的产物。人们常用“一石激起千层浪”来形容某一事物所带来的重大影响，方伯谦后人的至情至性犹如一石入水，激起史学界涟漪层层。历史是要靠事实来说话的，看法并不能解决根本的问题。今天热情工作的人们，也许明天就会有一个重大的发现：我们所做的最有价值的工作，就是发现了这些工作没有价值。

关于李鸿章家书之真伪

自从《曾国藩家书》刊行以来，人们得以藉其家书窥视这位理学家的内心世界，从此家书便洛阳纸贵，风行一时，各种名人家书遂纷纷出笼。李鸿章是个很少亲自写信的人，今日留存下来的亲笔书信并不多见，其家书自然更是少得可怜。国内出版物在编者说明中曾特别指出："李鸿章家书刊刻传世的并不多见。因是他与家人所讲私房话，对世道人情自有许多真情流露，颇值读者体会品味。"故而"此书自清末以来以不同形式广为流传，百余年间，世人或诵或抄，爱之不厌"，直接点出了这些家书的珍贵之处。

李鸿章家书虽然令人珍爱有加，但其来源却并不清楚。早在李鸿章晚年，其幕僚吴汝纶就已开始整理李鸿章的文稿。吴氏于李鸿章去世的第二年即1902年刊行了《李文忠公朋僚函稿》，其中并无家书。到了民国初年，共和书局排印出版了《李鸿章家书》，首次把李鸿章的90封家书公之于世。1936年广益书局排印《清代四名人家书》，又将李鸿章的家书收入其中。近年，台湾文海出版社将该书收入《近代中国史料丛刊》，遂使这批家书成为重要的近代史资料，上了中外学者的案头。近来，国内一些出版社从整理国故，寻找卖点的角度出发，也开始整理出版李鸿章家书。1994年11月，中国华侨出版社出版了邓曙光编注的《李鸿章家书》。1996年4月安徽黄山书社也出版了翁飞和董丛林编注的《李鸿章家书》。1996年1月，东北师范大学出版社出版了由吴凤祥等四人主编的《清代十大名人家书》，其中又收有《李鸿章家书》。上述所有这些出版物所依据之底本，均是民国初年共和书局的本子，而当年共和书局出版此书时则对李鸿章家书的来源秘而不宣，遂使这些家书的面貌变得扑朔迷离，令人难辨真伪。

真伪难辨并非不能辨，只要稍加细心，读者就会发现书信中的许多疑点。如该书开篇的《禀父母》一函，虽无发信时间，但依据家书中所言之事，尚能考出大致时间。函中言："当儿来此接篆之时，一般谋缺者纷来道贺，户为之穿。"李鸿章的所谓"接篆之时"，当指同治元年署理江苏巡抚之事。因在此之前，李一直任翰林院编修，并无地方实缺，后来虽擢道员，也未赴任供职，无篆可接。1862年李鸿章率淮军赴沪，在曾国藩的保举之下，清廷命其署理江苏巡抚，李方有篆可接。然而在此之前，其父李文安却早于1855年7月6日死于合肥军次，李鸿章根本不可能在此时给父母同时去信请安，是信之假昭然若揭。再如第四封《禀姑母》，是函虽字数不多，却杜撰得更加荒谬离奇。信中言："高邮王怀祖先生，经学家也。昨接曾夫子来示云：怀祖先生广启门庭，招收问业弟子。如表弟有意于此，可由侄具函遣至白门曾夫子幕内，转送高邮可也。"王怀祖者，王念孙也。曾国藩对王念孙极为推崇，曾说过："国藩于本朝大儒学问则宗顾亭林、王怀祖两先生。"王氏生于乾隆年间，死于1832年，而曾国藩则在1838年中进士后才进京做官；李鸿章“受业曾门”更是在1845年，这些都是王怀祖死后多年之事。曾国藩绝不可能对他的崇拜者死去多年而不知，李鸿章以湛学之士，且又师事曾氏，更不会闹出要其表弟追随隔世之人去做“问业弟子”的大笑话。荒谬和离奇不仅证实了这些家书的作伪，同时也表露了杜撰者水平的低下。

1996年，华东师范大学教授刘学照在《历史研究》上撰文，揭示了李鸿章家书作伪之事。刘先生的考据功夫扎实，文章极有说服力，唯不足者，则于李鸿章书写家书之习惯不甚熟悉，故而偶有失足之处。如刘文指出：“季弟是指最小的兄弟，李鸿章最小的弟弟是六弟昭庆。”“但第61函《致季弟》说：‘昨日高升来，知吾弟患湿温症’，紧接着第62函《致鹤章弟》开头即说：‘来书，吾弟患湿温渐愈，寒热渐退，喜甚。’从这两函联系起来看，季弟竟又表指为三弟鹤章弟。这种兄弟称谓上的错乱，充分暴露了作伪者的混乱。”其实这里“混乱”的并非是作伪者。以通常的知识而言，伯仲叔季，季弟所指当然是最小的弟弟无疑。然而以李鸿章惯用的习惯称呼来说，“季弟”所指就不是六弟李昭庆，而是三弟李鹤章。李鹤章号季荃，鸿章呼为“季弟”；李昭庆号幼荃，鸿章呼为“幼弟”。这些称呼都是李鸿章书信中所常用的，决不能以通常的知识来做泛泛的理解。对人物的确认出现失误，以此做出的考据就难免没有差错。

就现在出版的《李鸿章家书》而言，其中内容来自民国年间各种版本者，可以大致断言是伪作。在中国作伪也算得一种职业，但是做晚清名人的书信手札则不是普通人所能胜任的，非高手不可。前些年，笔者在南京调查李鸿章资料时，曾得知在新中国成立前后，南京有一位姓马的老者，专事晚清名人手札的作伪，并以此为生业。他所做之物水平之高，令人难以辨识。据说他做得一批晚清名人笔记书信，后来捐赠给江苏某市一文化单位，为此而获得奖励并由政府出面解决了其子女的城市户口问题。能以作伪之物挡过某些专家的眼并谋得实惠，这在当时无论如何也是很了不起的一桩事。可惜这位老者于1956年就已经过世了，不然我真的很想去拜访他，和他聊聊天，以多知道一些有关晚清名人笔记手札作伪的知识。

虽然没有机会见到过去的作伪者，但我却有幸见到了一些他们的作品。1994年，笔者在安徽一所知名高校的图书馆作调查时，意外地发现了一部李鸿章书信的抄本。这批东西数量不少，有数十册之多，长期被该馆作为善本珍藏，成为该馆的镇馆之宝。要看这部书委实不易，我通过各种渠道进行斡旋，最后还是校长亲自出面，该馆才同意拿出来让我看。看的时候，图书馆馆长侧立一边，让我戴上白手套，收起所有纸和笔，不允许作任何记录。在他的监护之下，我认认真真地看了约两个小时，最后断定是一部伪作。这个结论使图书馆的人大吃一惊，馆长用鄙夷的目光斜视着我，那意思似乎是说："你懂什么！"我只好稍作解释，随手翻出一页，指着上面的一段话讲给他听。记得那是一封李鸿章写给中国驻英法大使刘瑞芬的信，李在信中告诉刘说："伯行将于下月抵英京。"伯行者，李鸿章子李经方是也。李鸿章是个十足傲气的人，从未如此恭敬到在称呼自己儿子时用号而不呼其名。习惯上，李鸿章通常在给朋僚的函稿中多称李经方为“方儿”，只有在给朝廷的奏折中才直呼“臣子李经方”。我猜想这部书的作伪者，可能是根据当时所见某人函中提到“伯行将于下月抵英京”一事，将其移入伪造的李鸿章函内，这是过去伪造晚清名人书信时最常用的手法。这样做要比自编内容来得更加方便可靠，既可以给人一些实际的内容，又令所述史实经得起检验。可惜的是，作伪者并非当事之人，亦未能弄清伯行者何人，留下了一个十分明显的错误。而且此函在书写时，依据时人习惯，又特地将“伯行”做了挑行抬头，以示恭敬，更是令人感到可笑之至。

那么，李鸿章究竟有没有家书传世呢？应该说家书是有的，但这些家书从未在世人手中流传过。据我所知，目前李鸿章的家书仍然散见于各处，并未进行过统一的整理。如中国社科院近代史研究所资料室就收藏有李鸿章致哥哥李瀚章的亲笔书札数十通。另外，长期隐居上海的名作家张爱玲的胞弟张子静先生手中，今日仍然保留着外曾祖父李鸿章写给祖父张佩纶的亲笔手札数百通，这其中就有数十通手札是李写给女儿菊藕的家书。作为被批判多年的大卖国贼李鸿章的后人，保存这些家书的纪念意义可能要远远大于他们所理解的那些学术研究的价值。其实，同样作为政治家的李鸿章与曾国藩并不相同，他在家书中没有曾国藩那么多的伦理说教，而是就事论事，所谈多以家务为主。这种家书即便出版了，如果不是专门研究李鸿章之人，只怕也难能有耐心去认真读它。

透过人物解读历史

——读《被调整的目光》

早年曾读过一本《罗马的传说》，文笔清新优美，以一种如诗如画的氛围引领读者神游古罗马。直到今天，我仍无法忘记那本书中刻画的历史人物——恺撒、安东尼以及斯巴达克斯。然而，令人遗憾的是在中国这样的历史书实在太少了。最近，姜鸣的新作《被调整的目光》在汗牛充栋的历史书籍中脱颖而出，其写法别开蹊径，借探幽访古，引领读者漫游近百年中国历史，许多早已被脸谱化的历史人物在他的笔下重又变得鲜活生动，让人多了几分亲切感。

除了写法的奇特，更让我看重的是作者那种求真的精神。历史总是迷雾重重，让人难窥庐山真面目。为了拨开迷雾看真实，治史者必须认真解读史料，因为只有那里才有"真"。而研究历史其实就是在求真。但很可惜，一部中国近代史，因"种种原因"，被以往那种图解式的研究方式弄成了事件的堆积和概念的集成，历史人物也被抽去了性格特征，变成了木乃伊。姜鸣多年来一直认真研读史料，努力拂去历史的尘土，他的书尝试用另一种眼光解读中国近代史，从而引出了许多耐人寻味的话题，其中对同光名臣翁同龢与李鸿章两人有血有肉的描写和客观冷静的评价尤其引人注目。

翁同龢与李鸿章皆为同光朝政要。翁氏父子两代帝师，门生故旧遍布朝野。翁同龢出入中枢数十年，官拜协办大学士、军机大臣和户部尚书，又以清流首魁名重一时。李鸿章则以军功起家，平吴剿捻，建水师，办洋务，以淮系首领权倾朝野，位居督抚之首，官拜文华殿大学士、直隶总督兼北洋大臣，部属故吏遍天下。翁、李二人昔日的辉煌绝非今人所能想象。翁以言官出身，好从道德立场发表时论，品评官员主政得失；李则一手操办各种实务，属被评论之列。翁作为帝党首辅，以在甲午战争中主战获时论及后人好评；李则属后党干将，因在甲午战争中主和并代表清廷签署《马关条约》而被世人唾骂。爱国与卖国，就这样简单地为两位身处复杂环境的历史人物定了位。

经历过十几年改革之后，一些历史学界新锐对中国近代史的认识已经升华。中国近代史其实不应该被写成一部落后民族的主诉书，因为这一过程不仅仅是侵略和反侵略，它同时也是近代西方不断扩张的工业文明向东方世界的渗透，对这段历史的认识仅仅在道德层面上无法解释圆通。在第一次世界大战以前，东方世界对西方世界采取了反渗透的姿态，而到了“二战”以后，世界各国都认识到经济发展已成为时代主题，对西方工业文明的态度由拒斥而转为主动接受。以往在爱国和卖国这个历史情结的缠绕下，对西方近代文明的暴力东渐总是停留在“我不让你来，你就不能来”这一简单化的道德解释层面上，对李鸿章和翁同龢的评价自然也就充满了道德色彩。但现在看来，这种渗透又岂是抱着如此态度就能躲开的！近年来海湾战争中萨达姆戏剧性的战败，可以使人遥想起当年对世界大事茫无所知的清廷面对西方国家的坚船利炮的无奈和愤恨。所以，甲午战争的失败又岂是只用爱国与卖国、主战与主和、有能与无能这种是非界限所能讲清楚的？姜鸣无疑具有了超越以往局限的历史眼光，从体察古人的心境出发，道出了些许新意，并未苟同于时论。他在书中这样评价翁、李二人：

翁同龢主战的出发点，是相信海陆军尚堪一战。但我们在整场战争之中，除了听他高唱主战宏论……之外，未见其进行实质性的赞画和补救。这说明，作为想辅佐皇帝独振乾纲的“后清流”官员，有心杀贼，无策典兵，不知道如何去迎接日本的挑战……这就是翁同龢们的悲剧所在。……翁同龢无疑是爱国者，但在当时，最保守最迂阔的顽固派，其内心深处不也是充满忠君爱国情结的吗？

对于久被世人唾骂的李鸿章，姜鸣则另有分析：

若以为朝廷上下皆有抗敌言论和作战决心，中国便能战胜日本，恐怕也是一厢情愿的算盘。否则，现代化的历史任务岂不是用爱国主义的口号便能代替？李鸿章在1864年便发出“天下事穷则变，变则通”的呼唤，提出中国欲自强必须学习西方。30年后，他却回避与东洋近邻日本决战，他的隐衷难道就是为了“卖国”？

熟知这一段历史的人，不能不说姜鸣的分析有些道理。

前一段某报以“话剧《商鞅》为何南冷北热？”为题，报道了该剧在北京和上海演出所遭遇的迥然不同的命运：北京火爆，不少主持实际工作的部长们看了《商鞅》以后热泪满襟；而上海却门庭冷落，看过的人也无动于衷。该报分析，造成南冷北热局面的原因是因为京官们主持实务，深知改革之艰难，自己和剧中主角商鞅产生了强烈的共鸣；而上海观众因多是抱着看客心态，剧中人物没法引起他们的共鸣。这一报道给了我一个启示：换一个角度解读中国近代史，可以发现晚清政府官员中操作层与思想层的严重断裂，这一事实常常被历史学家所忽视。由于所处的地位不同，观察问题的角度不同，对洋务事业的内蕴了解也不同。翁同龢与李鸿章的矛盾与其说是爱国与卖国的矛盾，不如说是思想层（翁同龢等清流言官）与操作层（李鸿章等洋务派官僚）完全断裂而引起的矛盾。这种矛盾再与晚清官场上尔虞我诈纠结在一起，更使两派势同水火。坦率地说，与洋务派相比，清流们尤其缺乏冷静的审时度势。甲午战败之后，李鸿章其实已经看到了他的“洋务新政”是“纸糊的老虎”，是“虚有其表”，中国必须另求改造方式。从这一意义上说，李鸿章的命运其实也是近代中国命运的折射。

1898年对于翁同龢与李鸿章来说，都是他们一生发生重大转折的一年。这一年，翁同龢与和睦相处多年的光绪皇帝闹僵，被开缺回籍。李鸿章则因声名太臭而被开去总署大臣职务，赋闲北京贤良寺。年轻的光绪皇帝重用康有为、梁启超、谭嗣同等一帮年轻人，忙于变法维新。精英们的宏大事业在开张百日后就被慈禧太后轻轻扑灭。囚禁光绪，诛杀“六君子”，追捕康、梁，一时间北京城内一片白色恐怖。翁同龢因向光绪推荐康有为而获罪，被慈禧太后“永不叙用”，“交地方严加看管”。接旨后的翁同龢心情忧郁，却又不肯认输，写下了这样一段日记：

十八日谕旨，严拿康、梁二逆并及康逆为翁同龢推荐，有“其才百倍于臣”之语，伏读悚惕！窃念康逆进身之日，已微臣去国之后，且屡陈此人居心叵测，臣不敢与往来。上索其书至再至三，卒传旨由张荫桓转索送至军机处，同僚公封递上，不知书中所言何如也。厥后臣若在列，必不任此逆猖狂至此，而转因此获罪，唯有自艾而已。

急于说明“微臣去国之后”，是要解脱责任；再三强调“必不任此逆猖狂至此”，是要表示忠心。在大是大非问题上，翁同龢果然表现了他坚定的立场和很有代表性的处世风格。

在这一年同样获咎的李鸿章，赋闲后仍关心时事，向康有为的强学会捐款3000两白银要求入会，被拒绝，老脸上很是难堪。变法失败后，有人将此事上奏朝廷。一日，慈禧太后召见李鸿章，问道：“有人参尔康党？”李鸿章回答：

臣实是康党。废立之事，臣不与闻，六部诚可废，若旧法能富强，中国之强久矣，何待今日！主张变法者即指为康党，臣无可逃，实是康党。

好一个“臣实是康党”！当时，在慈禧老太婆面前，满朝衮衮诸公，恐怕没人能有这份耿直风骨。时年75岁的李鸿章，人虽老，但骨头之硬，令后人赞叹不已！像戊戌变法这样的历史转折关头，常常是最能体现古人性情的时机，历史人物在此时的表现，很值得历史学家反复玩味。但是透过人物解读历史，也有通过事件分析所不及之处。因为历来政治家总是被一道道光环和迷雾笼罩着，使人难以看清他们的真实面目。后人对古人的评价，多半只能从大背景衬托下的历史事件中去把握，于是作为历史演进主体的人本身的性情与风格则多隐遁不见，这是多年来历史研究中的一大缺憾。姜鸣的书在这方面做了不少探索，提醒人们在历史研究中可以另辟蹊径，不要将自己的灵性和感悟淹没在人云亦云的一片噪声之中。

历史应由谁来写

日前由书店购得《民国人物碑传集》一部，书虽新出，但材料却是老的，所涉民国人物有473人，多非显要之员，颇有查索价值。暇时无事，择其熟知者读去，饶有兴趣。

书中载有甲午海战时北洋海军“福龙”号鱼雷艇管带蔡廷干之行状，为其子所撰。后人写自己祖先的传记，多溢美之词，可以想见，亦可以理解。但所述事实应大致不差，然《蔡耀堂行状》则不然，粉饰先人，篡改历史，混淆视听，达到惊人的程度，令人难以容忍。兹择其记叙甲午海战一段观之：

“（光绪）十九年甲午，中日失和，两国海军战于黄海。先严驾左一鱼雷艇，与日舰西京丸激战三次，勇敢奋击，以少困众。日将军司令长桦山中将及西京战士目睹先严之精悍威猛，为之挢舌胆寒。十月，我军退守刘公岛，先严改带福龙艇。明年乙未正月，为日军包围，全军覆没，先严义愤填胸，痛兹大难，遂投海殉节，漂泊半日不沉，为日舰捞救俘之以去，留东京年余。”

这里说的是蔡廷干在甲午海战中的两次重要表现，一次是黄海海战，一次是刘公岛保卫战。在这两次重要的作战活动中，蔡廷干的真实表现却与其子的溢美之词相去甚远。

蔡廷干（1861–1935），字耀堂，广东香山县人。1873年，清政府选派第二批官学生出洋时，被派往美国学习。归国后在福建水师任职，后调北洋，积功至都司。1894年9月17日中午，中日双方在黄海相逢交手，蔡廷干率“福龙”号鱼雷艇参战。当时载有日本海军中将桦山资纪的观察舰“西京丸”，本是列入非战斗行列的，但被北洋海军“定远”和“镇远”击中舰舱客厅和右舷后部水线，在受重伤逃窜时，恰好遇到由大东沟港口赶来参战的“福龙”号鱼雷艇，当时“西京丸”因舵机损坏，仅凭人力舵勉强航行，加之船右舷后部中弹进水，实际上已无战斗力，只好任凭“福龙”号攻击。蔡廷干率“福龙”号驶至“西京丸”正前方，连发两颗鱼雷，由于技艺未精，皆未射中，其一颗由“西京丸”右舷越过，第二颗向其左舷射去，由舰底穿过，皆未引发，致使受重伤的“西京丸”得以逃离战场。所谓“以少困众”则是其子的修饰之词，蔡廷干的“福龙”号一对一的与受重伤的“西京丸”对阵，尚且不能将其击沉而使其逃脱，更何言“以少困众”了。

如果说在黄海海战中蔡廷干的表现尚属技艺未精而致失误的话，那么在刘公岛保卫战中蔡廷干的临阵脱逃则就是另一种性质的问题了。1895年1月底，日军包围威海后，开始进攻刘公岛北洋海军基地。此后北洋海军与日军苦战多日，彼此皆有伤亡，处于相持阶段。就在这万分危急的关头，蔡廷干与“左一”鱼雷艇管带王平密谋逃跑。2月7日清晨，日军向刘公岛发动第五轮进攻，北洋舰队配合刘公岛炮台奋勇反击，击中日舰“松岛”“桥立”等五艘。就在日军攻击力大为减弱之时，蔡廷干、王平等率“福龙”“左一”“左二”“左三”“右一”“右二”“右三”“定一”“定二”

“镇一”“镇二”“中甲”“中乙”等鱼雷艇，以及“飞霆”“利顺”两艘汽船共15艘船由刘公岛北口逃出，开足马力向西逃窜。“福龙”号鱼雷艇行驶速度快，本有可能逃脱，但因锅炉管损伤，速度减缓，遂受日舰围击。蔡廷干与其他各舰皆被日军俘虏，只有王平率“左一”号逃到了烟台。蔡廷干等在刘公岛保卫战处于万分紧急的关键时刻，为了个人的安危临阵脱逃，弃岛而去，极大地动摇了军心，打乱了丁汝昌的防御部署，并使北洋舰队一下子损失了15条船，战斗力大为减弱。如果没有蔡廷干等人的临阵脱逃，刘公岛保卫战本来可以坚持更长的时间以待援军，不致迅速崩溃，全军覆没。而这一可耻的逃跑行径，在其子的笔下，竟然成为北洋舰队“全军覆没，先严义愤填胸，痛兹大难，遂投海殉节，漂泊半日不沉，为日舰捞救俘之以去”，简直成了第二个邓世昌。史之曲笔，恐莫过于此。

甲午战争后，蔡廷干因逃脱和被俘，受清政府革职处分。如此大罪，受这点微薄处分，且不久又被开复，这与黄海海战中方伯谦临阵脱逃后被军前正法相比，可以说轻到不能再轻了。但是蔡廷干连惊带吓，神色久久不愈。《蔡耀堂行状》记载了这一情况:

“先严既经战役劳苦，军败投海，濒于九死，俘羁异国经岁，身体精神俱受重创……忧伤憔悴，百念俱灰。于是闭门读书，不问世事，尤喜黄老家言，日手《道德经》一遍，覃精澄虑，以窥究竟，盖服膺知之不殆之言，而身体力行，绝意仕途矣。”

蔡廷干果真如此吗？非也。其灰心丧气，无脸见人的窘迫有，但追逐名利和荣华富贵的心思并没有消失，习黄老之学只不过是遮其窘迫的饰物罢了。甲午战争后没有几年，蔡廷干就加入了袁世凯的北洋幕府，被保以参将补用，不但没有降级，反而升了官。1911年辛亥革命前夕，海军部调蔡廷干充海军军制司司长；1912年，因佐袁世凯起事有功，被任命为军事参议，旋授海军中将。1918年，冯国璋派其出任修改税则委员会主任。1926年张作霖委任其为外交部总长；10月，晋升海军上将。一个致北洋海军全军覆没的逃兵，不仅逃过了战争的风险，逃过了清朝政府的惩罚，还逃过了当时社会舆论的谴责，并且能够继续其仕途，“好风凭借力，送我上青云”，一直将官做到外交部长和海军上将。这事情只有在中国才可能发生，也是只有在那种特定的体制下才会出现的奇观。

史家治史，当以事实为依据，实事求是，有一说一，为历史负责，为天下苍生负责，为子孙后代负责。不能仅为将相王侯粉饰，为祖宗先人涂金，似此下去，史与不史何异？史将不如不史！过去我们说历史是由人民来写的，但是人民的概念太宽泛了，蔡廷干之子并非什么大人物，作为人民中的一员，他写自己先人的历史，不能说有什么不对。但是这样的历史能反映历史的真实吗？半个多世纪的时间过去了，这段早年写就的历史已经变成了史料，正在越来越多地被后人引用。将无耻说成荣誉，将逃兵写成英雄，这就是我们正面对着的历史。你是相信它呢还是什么？面对这早已被涂改得面目全非的历史，作为一个史家，你能看得下去吗？我想历史还是应该由社会良知来写，谁代表了社会的良知，历史就应该由谁来写。任人涂鸦的历史，除了扰乱视听，徒惹后人的耻笑和嘲讽之外，还能有什么其他的价值呢？

文史随笔

李鸿章与他生活的那个时代

李鸿章在晚清风云变幻的政治环境中，究竟做了些什么？他是按照一种什么样的想法去做的？他做的这些事情对近代中国都产生了哪些影响？对后人又有何启示？这些应该是我们研究李鸿章这个历史人物最为关注的一系列问题。

一、他是那个时代站得最高、看得最远的人

1872年，李鸿章给朝廷上了一个奏章，其中谈到一个非常重要的观点。他说："窃维欧洲诸国，百十年来，由印度而南洋，由南洋而东北，闯入中国边界腹地，凡史前之所未载，亘古之所未通，无不款关而求互市。我皇上如天之度，概与立约通商，以牢笼之。合地球东西南朔九万里之遥，胥聚于中国，此三千余年一大变局也……士大夫囿于章句之学，而昧于数千年来一大变局；狃于目前苟安，而遂忘前二三十年之何以创巨而痛深，后千百年之何以安内而制外。"

两年以后，李鸿章再次提出："然则今日所急，唯在力破成见以求实际而已。何以言之？历代备边多在西北，其强弱之势、主客之形皆适相埒，且犹有中外界限。今则东南海疆万余里，各国通商传教来往自如，麇集京师及各省腹地，阳托和好之名，阴怀吞噬

之计，一国生事，诸国构煽，实为数千年来未有之变局。轮船电报之速，瞬息千里。军器机事之精，工力百倍。炮弹所到，无坚不摧，水陆关隘，不足限制。又为数千年来未有之强敌。外患之乘，变换如此，而我犹欲以成法制之，譬如医者疗疾不问何症，概投之以古方，诚未见其效也。”

中国遇到了“三千余年一大变局”，“数千年来未有之变局”。李鸿章的这句话，使他成为19世纪中国最有眼光的人。

何谓“三千余年一大变局”？由李鸿章往前推3000年即西周开国。中国最早的国家形态便是西周。李鸿章所说3000年一大变局，是从西周开国讲起，从西周、东周、秦、汉……多少朝代的变更？多少政权的交替？多少战争的爆发？多少皇位的争夺？多少异族的入侵？都不能与这个“大变局”相比较。这个大变局是什么？李鸿章当时只提出了这个概念，他还不能清楚地描述和概括出来。而130年以后的今天，我们完全可以对它进行清晰的表述，这个“大变局”其实就是“近代化”。

当年，李鸿章所清晰感受到的大变局，就是整个世界工业革命的浪潮，也就是我们所常说的近代化运动。这个运动从西方发起，一直蔓延了整个世界，并且一直延续到今天。想想看，我们在百年前使用的东西，今天还在用吗？眼下我们穿的是洋布衣服了，我们用的是洋笔而不是毛笔了。我们现在生活中的所有东西，几乎全部被工业革命的近代化给改造了。

当近代化刚刚在世界上崭露头角的时候，李鸿章作为一个政治家，以极大的敏锐性捕捉到了它，并且描述到它，这个描述就是

“三千余年一大变局”。我们可以将当时的世界工业革命发展的局势进行一下回顾:

英国——近代化从1840年开始，1840年的英国才刚刚完成工业革命，开始借着工业革命的雄风重新走向世界。

俄国——1861年，俄国开始农奴制改革，迈出了走向近代化的第一步。

日本——1868年才开始明治维新，随后开始“脱亚入欧”和“文明西化”运动，成为亚洲首个走向近代化的国家。

德国——1866年，还是一个很小的容克地主的王国普鲁士打败了奥地利，开始了后来称之为德国的近代化运动。

美国——1861-1865年，美国正在打南北战争，1863年3月，林肯颁布《解放黑奴宣言》。南北战争之后，美国才真正走上了工业化的道路。

以上所有这些变化都发生在19世纪中叶，当时的世界局势如此纷乱，李鸿章却能站在历史的高度，看清世界的发展大趋势，发出了“数千年来未有之变局”这一振聋发聩的呼喊。他告诉中国人这是个新鲜事物，这个“大变局”已经到来。整个19世纪六七十年代，俄国、美国、德国、日本都是在这个时期开始走向近代化的。李鸿章就在这个关键时刻，向朝廷提出了中国遇到了三千年未有之大变局，遇到了数千年未有之强敌。他主张中国要走向近代化，要开放，要富国强兵，要进行改革。李鸿章不仅发出了呼喊，而且努力地引导中国迎着这个“大变局”走去。正是这个“大变局”带来了中国百年历史的沧桑巨变。李鸿章在那个年代，以他特有的异于常人的政治敏锐性，捕捉到了世界的发展趋势。正是在这一点上，他超越了同时代所有的人，是那个时代站得最高，看得最远的人。

可惜啊，当时中国朝野的官员都在昏睡，没有一个人赞成李鸿章的意见，没有一个人能够体察到李鸿章所讲问题的重要性，所以我们失去了一个重要的战略机遇。那个年代，19世纪的70年代，如果中国能够重视李鸿章的主张，并且彻底地实施，推动中国走向近代化，何至于沦落为半殖民地半封建社会。我们不要瞧不起古人，认为他们都不行。用毛泽东当年的话说："设使今人易其位，能如彼之完满乎？"

大家想想，那是一个世界急剧变化，山雨欲来风满楼的时代，当人们对自己国家的情况还不能观察明了时，对整个世界极为复杂的发展局势又有谁能说清楚呢？而李鸿章却在这时看到了历史发展的大趋势，看到了中国即将发生的改变是之前3000年都不能比拟的，这是非常了不起的。如果说世界有伟大的预言家，那么李鸿章可以算是其中一个了。

这里，我们可以把他和林则徐做一个比较。林则徐是近代中国著名的爱国人士，林则徐在当时提出了"师夷长技以制夷"的口号。他的重点是"制夷"。也就是说，我向你学习是为打倒你，对付你。林则徐完全是站在中国文化本位的立场上，为了排斥西方文化而向西方学习，他无可辩驳地具有时代的局限性。40年后，张之洞提出了"中学为体，西学为用"的主张。中国的知识是本体，西方的知识是方法，可以为我所用。他把中国的学问和西方的学问并列了。“中体西用”的提法开始流行，使得中国不再排斥西方，开始平等地看待西方文化，这已是伟大的历史转变了。又过了30年，“新文化运动”开始，胡适提出“打倒孔老二，推翻孔家店”，全盘接受和拥抱西方文化。那个时候人们认为只有两个菩萨可以救中国：一个是德先生、一个是赛先生，也就是科学与民主。从胡适的角度看，西方才有真神，才能改造中国，救中国。从中国近代思潮的发展过程，我们可以清楚地看到，从林则徐站在中国文化本位的角度看待西方，应付西学，一直发展到胡适，转过来用西方的制度改变中国，中国走过了这么多坎坷的历史路程！人们的思想观念发生了180度的大转变——从站在自己的立场上看世界，到站在别人的立场上看中国。而这个变化的时间只有短短的70年，这是一个多么疯狂的70年。这在世界人类文明史上从未有过。一个国家，一个民族，在这么短的时间内，观念的转变这么彻底，非常罕见。正是这个观念的急速转变，导致了20世纪中国人看待世界的基调。

对于这个重大的认识转变，最早的发现和提出者应该是李鸿章。他说中国即将遇到“数千年未有之强敌”。所以，要向敌人学习，向西方学习，成了19世纪到20世纪中国历史发展的一个主旋律。他的向西方学习，不同于林则徐的“师夷长技以制夷”，不是为了要对付洋人，而是为了要赶上世界发展的大趋势。因此，我们就有了向西方学习所拜的三个老师：一个老师是欧美。李鸿章派了大量的人到欧美去，截至甲午战争，中国派出的留学生共约300人。第二个老师是日本。因为甲午战争中日本能打败中国，所以向日本学习。中国的留学生在甲午战争之后，有2万人到了日本。第三个老师是苏俄。“十月革命”以后我们开始向俄国人学习，走苏维埃的道路。中国向洋人学了100多年，前两个老师是在“五四”运动时被我们甩掉了，后一个是20年前它把我们甩掉了，是它自己不搞马克思主义了。所以，我们向西方学习的百年历程可谓坎坎坷坷，让人感慨良多！

他是那个时代能耐最大、干得最多的人

李鸿章在他几十年的政治运作中，始终有一个基本的治国方略，就是“外须和戎，内须变法”。“外须和戎”是指对洋人、对列强要保持好关系，不要和人家打仗，不要得罪人家，使国家维持一个和平的国际环境。“内须变法”则指对内要变法、要革新、要改革、要自强。如果从我们历来强调的政治立场来看，因为他维护的是大清的江山社稷、清朝的封建统治，这个目的首先是错的，立场错了，于是一错百错，所以我们批了他100多年。今天，讨论李鸿章这个治国方略，如果不谈立场问题，单讲中国在上个世纪的治国方略，应该没有什么不妥。当时，在列强环视中国，中国处在非常弱的情况下，保持和周边国家的良好关系，使我们有一个稳定的和平发展的国际环境，来加快自己内部的改革、变法和自强，使自己早日富强起来，应该不是一个错误的认识。

这个“外须和戎，内须变法”的主张，在很长一个历史阶段中，我们都是批判的，把它作为李鸿章崇洋媚外的政治主张。说“和戎”就是不敢与西方侵略者作斗争，要向他投降，要与他搞

和平共处，一直在批判。粉碎“四人帮”以后，山东师范大学教授胡滨和汕头大学教授李时岳共同提出，应该客观公正地看待李鸿章的这一治国方略，给了李鸿章一个客观公正的评价，开启了国内学界对李鸿章的重新认识。

应该说，李鸿章的这个方针和战略指导思想是符合19世纪中国社会发展的实际情况的，在当时是一个比较正确的治国方针。把周边的国际环境搞好，避免人家来干扰我们，国内抓紧时间进行改革、进行变法，让自己富强起来。这有什么不好呢？现在邓小平同志说要韬光养晦，我们不做第三世界的统领，也是为了要取得周边和平的国际环境，来求得我们对内的快速发展，这没有什么不对，道理其实是一样的。

“外须和戎，内须变法”的思想是李鸿章的一个准绳，他就是按照这个方针来执行的。李鸿章在“和戎”方面最早做的一件事，就是与日本签约。1872年日本要求和中国签订和约，当时朝廷绝大多数人都不赞成，认为日本是一个弹丸小国，原来给中国朝圣进贡，现在和我们平起平坐了，和他们签约有失天朝体统。只有李鸿章坚决主张和日本人签约。李鸿章当时的考虑是，中国不要得罪日本，要和日本处好关系，因为日本人也是黄种人。李鸿章主张团结所有的黄种人去对抗白种人，用他的话说叫做“联络东洋，对抗西洋”。把日本团结起来对抗英法有什么不好？最后朝廷采纳了李鸿章的意见。这个条约是中国近代史上少有的平等条约。后来，日本多次要求中国修改条约，将清廷给予列强的所有好处一体均沾。清政府不同意修改。李鸿章签的这个条约使我们在外交上取得了主动权，十分难得。

但是李鸿章对日本的看法很快发生了改变，从1874年日本入侵台湾，李鸿章发现了日本的野心。他在1879年上奏朝廷，指出日本才是中国的“心腹之患”。李鸿章认为对中国威胁最大的国家不是英、法、俄国，而是日本，因此他增加了自强的紧迫感。19世纪70年代他采取强有力的措施，建立了轮船招商局及一系列的兵工厂。当时中国七个最大的兵工厂，有四个是李鸿章建的。他还建了一批学堂，并且把中国的孩子送到美国、欧洲去学习，那时叫幼童出国留学。这是中国最早的官派留学生，为中国培养了很多科技人才。京张铁路的总设计师詹天佑便是这批幼童中的一个。中央电视台前几年专门派人到美国，把这120个孩子在美国学习、工作所能找到的地方全都找到了：留学中死去学生的墓地，还有当时居住的美国人家的后裔，以及他们家里保存的有关档案。把这120个孩子在美国学习、生活的各种记录找到以后，进行整理编辑，拍成了五集电视专题片《幼童》，片中呈现了那段历史中大量鲜为人知的动人故事，非常感人。

当时，李鸿章实践他的方针最早始于上海。同治初年，李鸿章率领淮军到达上海以后，有一次参观英法的军舰。就是当年英法联军打到天津大沽口，进军北京，火烧圆明园之后，从北京撤回，路过上海，在上海停留期间。李鸿章上船视察，他不是以一个江苏巡抚的身份去，而是化了装，自己装成一个仆人上去参观。参观了英法的军舰，下来之后给曾国藩写了一封信，他说：“**鸿章尝往英法提督兵船，见其大炮之精纯，子药之细巧，器械之鲜明，队**

伍之雄整，实非中国所能及。……鸿章亦岂敢崇信邪教，求利益于我，惟深以中国军器远逊外洋为耻，日戒谕将士，虚心忍辱，学得西人一二秘法，期有增益而能战之。”

当时洋人对上船去的人印象深刻，看出来李鸿章的气势不一样，他们对上海道台说：你看上去还没有你的仆人精神。你的仆人两眼炯炯有神，了不起啊！当时李鸿章还不敢暴露自己的身份。这一年是1862年，是李鸿章初到上海的第一年。

1863年，李鸿章给曾国藩写信，再次讲到了他对西法的看法。他说：“俄罗斯、日本从前不知炮法，国日益弱。自其国之君臣卑礼下人，求得英法秘巧，枪炮轮船渐能制用，遂与英法相为雄长。中土若于此加意，百年之后，长可自立。”原来俄罗斯和日本不懂洋炮轮船这种东西，所以国家很弱。后来全国君臣虚心学习，从西洋学了一点办法，使这个国家开始富强起来，竟然能够与西洋竞雄长。他们的起步就是从洋枪洋炮开始的。所以中国如果能够用这样的办法向西方学习，100年以后，中国就可以自立了。洋枪洋炮能否富国尚无定论，但是中国在100年之后的自立倒是让李鸿章说准了。毛泽东1949年说：“中国人民站起来了。”

向洋人学习，李鸿章最早是从枪炮开始。为了打败太平军，他想尽快改变军队装备，引进洋枪洋炮来装备他的淮军。当时李鸿章的哥哥在广州，李鸿章请哥哥李瀚章在广州替他采买军火，运来上海装备淮军。淮军在1862年到达上海，一年以后，绝大多数的淮军已经装备了洋枪洋炮，所以到了太平天国革命被镇压的前夕，淮军已经成为中国军队中装备最好的一支，全部装备了洋枪洋炮，而当时曾国藩的湘军还一半洋枪，一半刀矛。

我在20年前，曾经写过一篇文章，发表在《军事历史研究》上，专门讲淮军的装备。淮军的装备在短时间内发生这样的变化，和李鸿章对西洋武器的认识是分不开的。李鸿章当时在这个问题上与曾国藩看法不同。李鸿章给曾国藩讲西洋兵器的厉害，曾国藩回信，看法和李鸿章不一样，他说："鄙人尝疑用兵之道，在人而不在器。忠逆之攻金陵官营，亦有炸炮，亦雇洋人在内，官军亦不因此而震骇。舍弟亦还以炸炮御之，彼亦不因此而动。左帅以四十余斤之炸弹打入龙游城内，贼亦不甚慌乱。顷水师在金柱关抢贼船百余号，内有洋人，一律乞降免死。然则洋人洋器，亦会有见惯不惊之一日也。"

"用兵之道，在人而不在器"，曾国藩的话有一定的道理，但是从当时的情况看，曾国藩没有认识到军队的装备对一个军队，对一个国家自强所起到的重要作用。他过于强调人的作用，因而认识是保守的。李鸿章当时则不仅看到了武器的重要性，更看到了它对国家发展的重大推进作用。正是思想认识的不同，李鸿章在大力推进自强运动方面，力度要大大超过曾国藩。

1865年，容闳从美国买了一大批现代化的机器回来，清廷批准在上海设立了机器制造总局。这个最早设在上海虹口，后来从虹口迁到了黄埔江边上的江南机器制造局，是中国第一个最大的近代化军事工业。从建立一开始，江南机器制造局就在李鸿章的实际控制之下，他一直在江南机器制造局安插自己的亲信，控制这个企业。抗战时期，上海机器制造总局只保留了一个造船业，把兵工厂迁到重庆去了。今天上海的江南造船厂，只是当年上海机器制造总局造船船坞的一部分。这是民国时期，蒋介石对这个工厂进行的一次大改组。

当李鸿章拿下苏州以后，又在苏州设立了洋炮局，该局后来迁到了南京，在南京改建为金陵机器局。金陵机器局早期交给了李鸿章非常信任的英国军医马格理主持。后来金陵机器局逐渐发展，成为中国一个重要的军工厂。直到新中国成立以后，工厂还在雨花台外的旧址，改名为“晨光机器厂”，依然是新中国的军工企业。

1871年，李鸿章在到了天津以后，改组重建了天津机器制造局，使天津机器制造局成为当时中国北方最大的军工企业，主要生产弹药和枪械。这个天津机器局也一直在李鸿章的控制之下，一直到1900年，八国联军入侵天津，将天津机器局彻底炸毁。今天的旧址已经建了别的东西，过去的一切已经不复再见了。

李鸿章在那个国人倍感屈辱的年代，知道用强兵的办法来发展国家实力，比那些只在口头上说说的人要实际得多。正因为如此，他在中国自强运动的过程中创办了大量的近代化企业，为中国走向近代化，迈出了蹒跚的第一步。

他是那个时代负谤最多、含辱最重的人

李鸿章成为卖国贼始于中法战争，经过甲午之战再到庚子议和，李鸿章的有生之年，挨骂长约15年。李鸿章之所以被人们骂为卖国贼，是因为他对于发生于中国的这三次战争均持有不同的

看法。他从心里不赞成打这些仗，所以被人们骂为“软骨头”“卖国贼”。其实，在今天看来，过去的“主战”与“主和”大有必要重新认识一下。

19世纪80年代，由于法国军队的挑衅，中国和法国为了争夺对越南的控制权打了一仗，史称中法战争。这场战争从1883年到1885年，断断续续，打了停，停了又打，持续了将近两年的时间。李鸿章在这场战争期间，先后与法国的代表谈判了好多次，共签订了三个重要条约：李鸿章和法国驻中国公使宝海签订的《李宝协定》，李鸿章和法国海军中校福禄诺签订的《李福协定》，以及李鸿章和法国驻中国的公使巴德诺签订的《李巴协定》。这三个协定正好反映了战争全程的三个阶段。

当年李鸿章是不同意打这场战争的，是主和派的首领，与以张之洞为代表的主战派形成尖锐对立。李鸿章之所以坚持他的意见，来源于李鸿章对当时局势的分析，他认为：

第一，中国不值得为了越南和法国打仗，因为越南是个烂摊子，一个泥沼之地，中国不要越陷越深，应该改变理藩思路，早点拔出腿来，及早从越南脱身，不再承认越南是中国的藩属国，让越南自由地和西方各国通商。

第二，为了保证中国边境的安全，应该实际控制越南靠近中国边境的北部地区，作为中国和法国冲突的一个缓冲地带。另外，在外交上要慎重对待和战问题，不能急于和法国人打。即使打起来，也要尽量控制冲突的规模，把战争控制在边境冲突的范围内，不要发展成为全面的中法战争。

第三，李鸿章建议要增军备战，加强防御，特别要加强北洋靠近京畿地区的防御。李鸿章要求清政府拨款修筑旅顺、大连、威海卫等沿海的炮台，保卫渤海湾一带。同时他还要求清政府拨款支持中国军队建设，特别是中国边境的军队要加强戒备，加强防御。

今天，我们应该怎么去分析、看待李鸿章和张之洞在和战问题上的矛盾与分歧呢？很长一段时间以来，人们认为张之洞的主张是爱国的，是伸张正义的；而李鸿章的主张是妥协的，是投降卖国的。所以李鸿章这个卖国贼的形象，并非是在甲午战争的时候才开始，而是早在中法战争的时候就已经被人开骂了。要正确认识这个问题，必须要了解当时越南的情况。

当时的越南政府是一个非常腐败的政府，其腐败的程度，丝毫不亚于中国的清王朝。这样的腐败政府，已经根本不可能领导越南走出中世纪，走向现代化，也没有力量去抗击法国的入侵。再说法国已在越南经营了二三十年的时间，占领和实际控制了越南的大部分地区，越南大约有三分之二的国土实际上已经被法国人控制。越南作为受中国保护的藩属国，中国只是在名义上控制着越南，实际上中国的控制力量只局限在越南靠近中国边境的北部地区。这个地区有一支刘永福的黑旗军，人数有几千人。这支黑旗军原本是一支被清朝军队赶出国境的私人武装，就是这样一支私人武装，他们在越南北部地区坚持与法国人作战，并且取得了一些战绩。越南政府也寄希望于刘永福的黑旗军，能够帮助他们把法国势力赶出越南国境。此外，在中越边境还有冯子材的镇守边境的部队，也只有几千人。加之刘永福的黑旗军，以及守关的清军士兵使用的武器还是大刀、长矛等冷兵器，而法国侵略军已经全部是现代化的装备，甚至使用了后膛枪。所以，当时在越南中法在军事力量的比较上，法国占着绝对的优势，刘永福加上冯子材的力量根本无法改变中法在越南的力量对比。即便这两支部队加起来，也不可能把法国入侵越南的军事力量赶出去。由此可以得出结论：当时的越南政府是不可能使越南的国家命运发生根本的转变，也不可能依靠自己的力量抗击法国的入侵，实现民族的独立。

这是一个非常现实的情况，正基于此，李鸿章才做出了判断：早一点从越南脱身，不要在越南陷得太深。大清的江山社稷尚且自顾不暇，还要去管别人，去拯救别人，怎么能够做得到？当时香港一个很有名的学者何启就说："你先把自己保住，你连自己都保不住，还要去救别人，是无论如何做不好的。"所以李鸿章提出，中国不再承认越南为中国的藩属国，中国不再去保护越南，让越南放开通商。这是什么意思呢？就是让越南和世界各个国家建立通商外交关系，世界各个国家在越南都有享受利益均沾的权利。只有在这样的情况下，哪一个国家都不可能单独吞并越南或者控制越南，这样就把越南由法国一国控制的局面破坏了。因为英国、法国、德国、俄国之间是有矛盾的，这个矛盾怎么利用呢？越南向各国开放通商，各国都来这里通商，各国都有利益在这里，所以谁也不可能单独把越南吃掉。这就是李鸿章当时"以夷治夷"的想法。

然而李鸿章的主张，在当时没有成为国内的主流认识，支持他的人非常少。绝大多数人，甚至连李鸿章的部下张树声，都反对李鸿章，支持张之洞的意见。大家都主张废除和约，把军队派到越南去，要和法国人打，要朝廷支持刘永福的黑旗军和冯子材的部队，坚决和法国人干，要伸张正义，保护越南，维护很多年来越南是中国藩属国这样一种状况。

今天回过头来看，中国在越南打的这场中法战争，付出了这么大的代价，最后的结局是什么呢？是中国放弃了越南，而这正是李鸿章最早的意见。说中国败了，所谓败，指的就是中国放弃了越南。法国呢，则仅仅放弃了对中国战争赔款的要求，虽然这是法国在整个战争中一直坚持的。

李鸿章在中法战争期间一直在和法国人谈判。其间因母亲去世，回家奔丧一段时间，清政府曾经派曾国藩的弟弟曾国荃和法国人谈判。曾国荃当时顺口答应赔偿法国，说我赔你50万两银子吧。法国人笑一笑，意思是你不要拿我当儿戏了，50万两怎么能够作为战争赔款？不可能！太少了。战争赔款的问题，始终是压在李鸿章头上的一件大事。最终靠什么解决赔款问题呢？因为镇南关大捷，中国打胜了，法国人无法再说什么了，茹费理内阁也倒台了，所以战争赔款不提了。但是中国放弃越南，也是其中一个重要的因素。

实际上，最后李鸿章签订《李巴条约》的内容，是慈禧通过赫德、金登干和法国人进行秘密谈判事先商定的。这个谈判对李鸿章一直隐瞒着，这在赫德给金登干的电报中说得很清楚："我把事情全抓在我手里，并尽量保守秘密，连李鸿章都不知道实情……连总理衙门方面，我也不敢把每一件事情都告诉他们。”尽管如此，《李巴条约》的所有内容，还是李鸿章和福禄诺谈判内容的延续，体现了李鸿章的一贯主张——放弃越南。

李鸿章为什么在打了镇南关大捷之后，急急忙忙，迫不及待地要赶快停战，赶快和法国人和谈，不要再闹下去了呢？一个很重要的原因，就是在1884年12月，朝鲜发生了“甲申事变”。朝鲜的开化党人冲进王宫，把国王囚禁起来，要求按照日本驻朝鲜的大使竹田的意见对朝鲜进行政务改革。这个事件对朝鲜来说，等于发生了一场宫廷政变。李鸿章随即命驻朝鲜的袁世凯和张光前，当天晚上就率领中国驻在朝鲜的军队，冲进王宫，打败了朝鲜开化党人，救出国王，平息了这次政变。

我们说中法战争是一场很重要的战争，还在于李鸿章和张之洞的争执从此开始了，中国的主战、主和之争也从此开始。从中法战争到甲午战争，再到八国联军入侵，主战、主和这两派，始终是朝廷中两股非常大的力量，这两股力量制约着中国社会的改革和发展。两派意见始终不和，始终对抗，始终冲突，使得清政府在制定对外方针的时候，左右摇摆，举棋不定，最终导致了19世纪后半叶，中国在对外反侵略战争中步步失算，沦落到半封建半殖民地的深渊。

有一个问题我始终没想清楚：李鸿章在处理越南和朝鲜这两个藩属国问题时，他非常清醒地认识到要从越南脱身，却迟迟没有认识到要早一点从朝鲜脱身，而是一步步地因为朝鲜问题滑入甲午战争的泥淖，落进了日本的如意算盘中去，这是非常大的失算。如果说在中法交战的时候，李鸿章的脑子还算清醒的话，在甲午战争的时候，可以说李鸿章的脑子实际上已经糊涂了。

甲午战争失败之后，广东文人梁鼎芬给朝廷上奏折，说要杀李鸿章以谢国人。这些文人对李鸿章的攻击，包括对李鸿章从事洋务事业各方面的攻击，实际上是朝廷用来牵制李鸿章的一个绳索。李鸿章一生都在和清流们作对，一生不顺利。早在中法战争期间，李鸿章就已经处于“谤议喧腾”之中。更有人对他激言弹劾，说他：“岁费国家百万金，而每有震惊，一味议和”，“张夷声势，恫吓朝廷，以掩其贪生畏死，牟利营私之计”。“坐拥重兵，挟淮军以揽权”，要求立予罢斥。

面对朝野的谤言，李鸿章在《妥筹边计折》中，对皇帝吐露心声：“臣唯中外交涉，每举一事，动关全局，是以谋画之始，断不可轻于言战；而败挫之后，又不宜轻于言和。……夫南宋以后，士大夫不甚知兵，无事则矜愤言战，一败则恇懦言和，浮议喧嚣，终至覆灭。若汉唐以前，则英君智将，和无定形，战无定势，卒之虚憍务名者恒败，而坚忍多略者恒胜，是以制敌之奇，终在镇定。伏愿朝廷决计坚持增军，缮备内外，上下力肩危局，以济艰难。不以一隅之失撤重防，不以一将之疏挠定见，不以一前一却定疆吏之功罪，不以一胜一败卜庙算之是非，与敌久持以待机会，斯则筹边制胜之要道矣。”

这里既有李鸿章被人误解的委屈，也有对清流只说不做的反感。虽有成见，倒也切中时弊。

面对言官们的攻击，李鸿章有个很有名的对联：“受尽天下百官气，养就胸中一段春。”所谓养气，就是要能够吃气，能够受气。他认为一个人要能够养气，然后才能做事。这个坚韧的毅力是来源于他老师曾国藩的培养。当年，李鸿章初到上海，曾国藩教他要学会挺，就是遇事要挺得住，要有挺劲，能挺得过去，就能成大事。后来这被很多人总结为“挺经”。可以说曾国藩给予李鸿章的这些教导，对于李鸿章成就他一生的事业起了很大的作用。

四、他是那个时代留给我们思考最多、感慨最深的人

在国际斗争中，一个国家在整个世界的变化格局中采取什么措施是非常重要的。国际斗争也和自然界一样，大凡能保留住种群的国家，并不是因为羽毛漂亮和体态丰满，而是因为牙齿和爪子异常锐利。

这里要谈一下李鸿章的战略思想。在晚清近代化大变局的过程中，李鸿章提出了一个非常重要的主张。1874年底，李鸿章给朝廷上了一个《筹议海防奏折》，他在这个奏折中呼吁清政府关注海防建设，希望清廷在海防建设上投入经费。

李鸿章的紧迫感源于1874年日本入侵台湾，这件事给了李鸿章很大的刺激。李鸿章意识到日本这个民族已经不是他原来想象的那样。在此之前他是想团结黄种人共同对抗白种人，因为日本人也是黄种人，所以主张中国要和日本联合起来对付英法，谓之“联络东洋，对抗西洋”。所以他在1872年和日本签订了《中日修好条约》。但是不久他的观念就发生了改变，他认为，英法这些国家对中国来讲只是“肢体之患”，日本才是中国的“心腹之患”，而防止日本对中国的侵略，首先必须要加强海防。

李鸿章为此曾三次进京，其中一次亲自和慈禧太后当面谈这个问题。他提出了三个主张：第一是建海军。不仅要建舰队，而且还要在沿海的重要口岸修筑炮台，以防止中国东南沿海口岸被洋人入侵。第二是裁减绿营。当时清军绿营有120万人，这些军队在对付太平天国时就已经显示出它的无用，主张将它撤销，而重新组建一支使用洋枪洋炮武装的现代化新式军队。第三是设立海军衙门。这个海军衙门统管所有海防事宜，包括组建海军、修筑炮台、建立兵工厂、建邮局、建铁路、开矿山等等。另外李鸿章说，建海防需要人才，要派人出去留学。科举取士当然是不能改了，他想能否搞一个特例，让搞洋务的人也可以走科举之路。他这个主张的核心便是“内须变法”。这里李鸿章所提的“海防”是个大海防，是国家国防的总概念。这是李鸿章当时思考的一个很重要的战略思想。

但是，当李鸿章将这个筹备海防的奏折报给清政府时，朝廷意见分歧非常大。左宗棠也上了奏章，要求朝廷收复新疆。当时在新疆西部地区有一些土地被俄国人支持的阿古柏部落占领，左宗棠认为新疆是祖宗曾经收复过的土地，不能在我们的手里把它丢掉。最后是由军机大臣文祥拍板，一票支持了左宗棠的意见。他认为土地才是疆土，海洋不是国土，与其把钱扔进海里，不如把钱用在版图上。李鸿章的意见因此没有被朝廷所采用，这也说明李鸿章在清政府内部权力格局当中，当时还不是举足轻重的人，他的运作和主张受到了各方面的阻挠与制约。

其实文祥一开始也支持李鸿章搞海防，只是觉得西征更重要。他当时和慈禧商量，最后想出了这样的折中办法：李鸿章的海防也要抓，左宗棠的西征也要搞，两手都要抓。李鸿章所提的海防包括北洋、南洋两个大臣一年所拨经费400万两，而左宗棠西征一年最少要拨款1000万两以上。所以左宗棠很快从陕西、甘肃打到新疆，打败了阿古柏的军队，收复了新疆。左宗棠了不起，让新疆重新回到了祖国的怀抱。西征的意义非常重大，它对整个中国版图的完整起了重要的作用。左宗棠于是成为近代最著名的爱国人物。

今天我们研究历史并不是为了给谁翻案，也不可能让历史再重演一遍。只是为了分析当时李鸿章提出的战略思想对不对，有什么可取之处。我认为，即便以今天的视角看，李鸿章海防思想仍然有着深远的历史意义和重大的现实价值。

不去做定性的分析，我们仅仅来算一笔经济账。清政府当时一年的总税收是白银7000万两，左宗棠西征大概花了7700万两银子，是清政府整整一年零一个月的财政收入。为什么要花这么多钱？因为绝大部分的钱都用在了沿途转运上。那时候没有铁路，路途又非常遥远，粮草、军饷、军火从东南沿海一直转运到新疆，沿途要消耗掉三分之二的物资，这么大的转运量由谁来承办？是胡雪岩。左宗棠把这个差事交给他，等于他一个人承揽了政府数年间举国关注的一个重大工程，他能不发财吗？他办了票号，建了大量的转运机构，成为近代中国最著名的红顶商人。

一直到甲午战争爆发前，李鸿章建海防所用的全部经费是2130万两。李鸿章用这笔钱建立了一支舰队，并维持到甲午战争。1888年北洋水师成立的时候，是世界排第六位的海军力量，几乎和美国并列。美国海军的建设仅比我们早了两年。美国国会从1886开始海军拨款，当年拨款1700万美元，到1893年甲午战争爆发前夕，拨款增加到每年3000万美元。而1888年中国建成了北洋舰队后，清政府再也没有为海军拨款，再也没有扩大我们的舰队、更新装备，这使中国海军实力由当时亚洲最强渐渐衰落下去，甚至不敌日本。

当时，户部尚书翁同龢不同意再给李鸿章拨款，其理由是，他要节约经费开支以供朝廷使用，另外他想用钱来限制李鸿章势力的发展。所以甲午战争爆发时，李鸿章不愿意出征，皇帝让翁同龢去见李鸿章，让他不要退缩。翁同龢见李鸿章时，李鸿章反问他："师傅，你怎么不早来？你怎么不早给我钱？"李鸿章为什么不愿意打甲午战争？就是因为六年来清政府没有增加北洋海防的力量，海军在和日本人较量时没有胜利的把握。

1888年北洋水师成立时中国有两条最大的军舰，排水量7400吨的"定远舰"和"镇远舰"，共花了340万两银子购得。1892年，当这两条军舰开到日本长崎港时，中国水师官兵下船到酒馆喝酒，发生争执，与日本人打起来，日本警察拔出刀把中国人刺伤。最后我们和日方交涉的结果是要求日本政府道歉，而且还要签和约，要求日本政府管制他们的警察，并且不准日本警察带刀。当时，中国的大炮对着长崎，如果日本政府不答应就可以炮轰长崎。兵临城下，日本政府不得不妥协。直到现在，中国刚刚从俄罗斯购买的排水量最大的军舰也只有7200吨，和李鸿章当时的军舰大小差不多。应该说在那个时候，我们拥有如此规模的舰队，在整个亚洲都是非常强大的。

李鸿章组建如此强大的一支舰队，也就花了2000多万两银子！假设把左宗棠西征的7700万两银子全部拨到海防上，清廷可以再建三支这样的舰队，就能实现李鸿章当年的设想，拥有战舰60艘。那样，中国可以有北海舰队、南海舰队、东海舰队，还可以有一支联合舰队，巡游中国的海疆。如果有这四支舰队驻守中国的沿海，中国就是世界上最强大的海军强国！哪个国家也不敢欺负中国。这样，中法战争不可能爆发，日本人不敢跟我们打甲午战争，八国联军入侵中国也得掂量一下。如果中国是亚洲最大的海上强国，日本人不可能在第二次世界大战中，一而再、再而三地攻占东北三省又发动“卢沟桥事变”，然后把战火烧到珍珠港，这样整个世界的历史也将改写。

近代中国最大的威胁来自东南沿海，然而清廷却在东南沿海不设防，把大量的经费用到了西北边陲。清廷坚持这样的国防战略，中国的海疆能不被洋人打破吗？靠大刀长矛武装的旧式军队能挡住洋人的进攻吗？海疆是近代列强进入中国的最大门户，是最大的危险之地，中国近代的几次侵略战争都发生在海上：中法战争、甲午战争、八国联军入侵、抗日战争。因为中国没有守住东南沿海，港口不断被洋人入侵，中国接二连三地失败。英法联军入侵北京火烧了圆明园，八国联军入侵北京把慈禧赶到了西安。清廷一次次地战败投降，一次次地签订屈辱的不平等条约，国家一步步地走向历史的深渊。近代的战争赔款加上利息总数共12亿两白银！12亿两白银，等于西征和海防全部经费总和的12倍！朝廷拿不出1亿两白银去建海防，却可以拿出了12亿两白银去支付战争的赔款！这应该是一个朝廷腐败最典型的事例了！

另外，海防是所有西方强国走向近代化的一个切入口。美国、日本、德国都是由海洋走向了近代化，国家才迅速发展壮大：

美国在1886年开始建设海军，到了1898年已成为世界第三的海军强国。从南北战争到美西战争的30年间，是美国海军迅猛发展的时期。这30年，美国的粮食涨了2倍半，钢铁涨了45倍，整个国家都在迅猛发展。

20世纪的日本为什么会发展这么快？打败了中国，它从中国拿走了2.3亿两白银，折合当时的日元是3.5亿日元，相当于日本10年的国民生产总值。日本打了7个月的仗，挣到了10年的钱，所以举国欢腾，凡是支持战争的人统统发财了。因此，所有的日本国民都踊跃购买国债，煽起了强烈的军国主义情绪。用甲午战争的赔款，日本扩充了10个军团，10年后又打败了俄国，随后占领了东北三省，接着把东南亚和太平洋诸岛都打了下来，并且偷袭珍珠港，把战火一直烧到了太平洋的东岸。一个弹丸小国，哪里会有这么大的野心？它们靠什么？就是靠打败中国获取的战争赔偿，以及由此膨胀起来的国家观念。

300年前，彼得大帝说，俄罗斯一定要发展成为海上强国。所以俄罗斯300年间都在寻找出海口，寻找一个不冻港，最终选择了中国的旅顺。甲午战败，中国把辽东半岛割给了日本。俄国随即联合法国、德国共同干涉，让日本把辽东半岛退了出来。当中国用3000万两银子把辽东半岛赎回后，立即被俄国占去，用来发展它的太平洋舰队。

从海上走向世界，这是英国、美国、日本、德国等所有发达国家的共同经验。

所以在那个时候，李鸿章难能可贵地提出了这样的战略思想，是为当时贫弱的中国，找到了一个可以发展的契机，是中国近代化能够迅速展开的一个有利的切入口。可惜当时没有引起清政府的重视，没有拨足款项去建设海防，李鸿章的海防战略终于“流产”了。这是一个重大的历史机遇被疏忽了，错过了。由是中国一而再、再而三地走入受人欺负及凌辱的半封建半殖民地社会，直到抗日战争进行全民族的抗战。

怎样才能成为亚洲强国？这个问题从19世纪到今天，一直是值得我们认真思考的重大问题。其实在李鸿章那个年代，“海防战略”就已经是国家发展的紧要问题。他的“海防战略”绝不仅仅是发展海军，海防需要人才，需要钢铁，需要设备，海防带动的是一系列工业产业和整个国家的近代化发展，并由此走向繁荣和富强。但是直到今天，在这方面我们比不了日本和印度。中国始终愿意做一个陆上大国，却不愿意做一个海上强国。

国歌里有一句话：“中华民族到了最危险的时候，每个人被迫着发出最后的吼声”，你早干什么去了？为什么要等“到了最危险的时候”才发出最后的吼声呢？再说，光是发出吼声有什么用呢？本来我们可以有措施去解决这些问题，但是清政府不关注，慈禧不关注，朝野皆不关注！李鸿章提出的海防战略，清廷始终没有给予足够的重视。新中国成立以来，海军的建设也远远比不上陆军。今天，懂不懂历史的人们都知道甲午战争给中国带来了巨大的灾难和伤痛，割让台湾，赔款2.3亿两白银，但是却没有人去思考这样一个问题：为什么国人会轻而易举地放过本来可以预防这些灾难的措施？至今也没有人去研究总结这个深刻的历史教训。

两位老同学

2009年4月27日是蒋经国百年诞辰的日子，马英九决定举行声势浩大的纪念活动。说是纪念蒋氏，其实，乃是马英九在为自己民调的日渐低落寻求新的凝聚力，说穿了，是为了打鬼，借助钟馗。

蒋经国作为蒋介石的长子，为蒋氏原配毛福梅所生。他年轻时受吴稚晖启发，前往莫斯科中山大学学习，期间加入苏联共产党，后因国共关系恶化，被斯大林扣为人质，下放西伯利亚劳动，直到西安事变后才偕白俄罗斯姑娘芬娜回国。在苏联学习期间，他与邓小平在一起，两人算得上是老同学了。1973年，蒋介石因身体原因，决定将政权逐步移交儿子蒋经国。1975年，蒋经国继蒋介石之后担任国民党中央常委会主席，完成了交接班。在内地，1973年邓小平复出，先是担任总参谋长，继而任国务院副总理，做周恩来的助手。1978年，对于这一对老同学来说，都是十分关键的岁月。这一年，蒋经国在岛内当选了伪总统，而邓小平在这一年的十一届三中全会上启动了中国的改革开放。这一年，邓小平在蒋经国的背后猛击了一掌，美国与中国建交，台湾被国际社会所遗弃。

从1978年开始，邓、蒋二位老同学之间便展开了较量。邓小平领导下的中国，经济发生了巨大变化，同时对台湾伸出了橄榄枝：停止炮击金门，整修蒋家墓地，提出“一国两制”模式，并选李光耀作为中间人进行游说。而蒋经国在主持岛内大政后，先是大力发展经济，拉大与内地之间的差距，继而实行政治改革，企图将两岸的军事斗争转化为体制之争，以力保台湾的安全与自主。在晚年，面对内地的不断开放，蒋经国调整了方略，开放台湾岛内老兵赴内地探亲，这一举措，深受老兵欢迎。可惜，天不假年，蒋经国的过早去世，使这一逐渐融化的坚冰，又再次冷了下来。

两位老同学，在分手大半个世纪之后，仍未能再次见上一面，很是遗憾！两个老同学都走得太早了，留下了诸多的难题，让海峡两岸的人民慢慢消化。

其实，世上没有谁能把所有的事情都做完，留下些遗憾也是正常的。两位老同学在对外关系上的较量，在发展经济、改革开放上的竞争，在两岸关系上的日渐宽松融合，都顺应了世界发展的大趋势，顺应了两岸百姓的心意，故而获得了百姓的认可和敬意！两位老同学先后走了，他们留下了巨大的政治遗产。这遗产是：如何在民族统一大业面前，消融党派的利益之争？如何在两岸的军事斗争转化为体制之争后，寻找新的解决途径？

不可否认，这两位老同学在海峡两岸人民心中，都享有极高的声誉。邓小平的功劳在于启动了中国的改革开放，从此扭转了中国历史发展的方向。蒋经国的影响在于实现了岛内的民主化改革，为中国的民主化改革探索了一条出路，并且开放了台湾老兵赴内地探亲。可知，不管何人都要经受历史的检验，必须做到两条：一是要顺应历史发展的潮流，推动社会向前发展；二是要顺应民心，将百姓的需求放在执政的首位，做到“以人为本”。道理是浅显的，真正做起来却并非易事。在民族统一大业面前，个人的想法已经不重要了，甚至党派的恩怨也可以变得非常渺小。蒋经国未能完成的两岸融合的接力棒交给了马英九，究竟能否真正完成，人们都在拭目以待。内地的改革事业，在邓小平离去之后，如何启动政治体制的改革，正是全国人民翘首以待的事情。谁做好了这件事情，谁才是中国的民族英雄。两位老同学在20世纪的后半叶，不约而同地改变了海峡两岸中国的历史走向，让人民记住了他们！但他们留下的巨大的政治遗产，如何继承？他们未竟的事业，如何完成？已成为新世纪海峡两岸人民的共同期待。

吕坤的呻吟

吕坤号新吾，河南宁陵人，生于明嘉靖十五年（1536年），卒于万历四十六年（1618年）。有人称他是明代的政治家、理学家，却终生不显。当官比不上张居正，学问做不过王阳明，以致今日已没有多少人知道吕新吾为何人了。

新吾入仕时，正值今日躺在定陵的那位神宗皇帝朱翊钧即位不久。这位执政长达48年之久的大明天子竟然20多年不上朝，为天下之奇。新吾进士及第后，授为襄垣知县，旋调大同令，征授户部主事，历郎中，迁山东参政、山西按察史、陕西布政使，后巡抚山西，乃召为左佥都御史，历刑部左、右侍郎。蹉跎一生，老于仕途，终未得重用，不能一展才华。有人说他难得升迁的真正原因在于其办事过于认真，得罪了权贵，小人纷纷进谗中伤，最后导致其夙愿难酬，有志不申。

其实作为中国传统文化的守护者，文人士大夫心中常有种以天下为己任的胸怀抱负。吕新吾正是由这一文化熏陶中走出之人，为了忠君，他敢犯颜上书。明万历二十五年（1597年），吕坤上疏指陈天子过失，说万历皇帝拒谏饰非，言路闭塞，“一人孤立万乘之上，举朝无犯颜逆耳之人，快在一时，忧贻他日”。皇帝尚且“快在一时”，他一介小官却“忧贻他日”，怎能不讨嫌！文人活于理想国中，以为君王是圣王，故而不食人间烟火。幸好万历玩心过重，无暇顾及，不予追究。

待阅历已久，新吾渐渐明白官场的规则，方知一己之力，既难纠天子，更难改世道。他明白官员处理事务的准则是看对自己是否有利，“事多有便于官吏之私者，百世常行，天下通行”，“若不便于己私，虽天下国家以为极便，屡加申斥，每不能行，即暂行也不能久”。一国一朝，承平日久，官场之风习相延以传，“百世常行，天下通行”。吕新吾参与其中，想独立寒秋，可知有多难。既不能逢场作戏，又不肯结党营私，结局便可想而知了。新吾在官场数十载，不得重用亦是好运。总结官场命运，他得出一种体认：“命本在天，君子谓命在我，得天命之本然，小人谓命在我，幸气数之或然。是以君子之心常泰，小人之心常劳。”意思是：命运在天，但可以不听从命运的摆布，在人们自己掌握命运的过程中，就分出了君子和小人来了。君子心中有个标准，合于标准的才会去占有，故心理不会不平衡。小人就不同了，不论什么事，都要去占有那最好的运气，虽可不择手段达到目的，但却没有德性和才能来占据它，故而心中疲惫而生命劳碌。这看去似是对自己一生坎坷命运的坦然面对，却无意中流露出了对形成这一体制的无尽感慨。

新吾晚年将数十年官场之感慨著为一书，其中既有对人生不遇的无限感叹，又有对无力改变官场积习的沉重呻吟。他说：“精明也要十分，只须藏在浑厚里作用。古今得祸者，精明人十居其九，未有浑厚而得祸者。今之人惟恐精明不至，乃所以为愚也。”这一经验被百年之后的郑燮总结成四个字——难得糊涂。

一个巨大的国家机器几千年运行下来，已经成巨大惯性力，被这巨大惯性力裹挟其中的任何一颗螺丝钉都被改造了，不和谐者早已一颗颗地掉了出来。吕新吾和郑燮便是这样的人物。被机器摔疼了的人，难免要哼哼几声，总不能连呻吟之声也不让发出吧！300多年前的吕坤和两百年前的郑燮便是这不和谐者。他们将呻吟发为语言，于是就有了一部书，叫《呻吟语》。

清末新政改革透视

19世纪末和20世纪初，改革成为联系两个世纪的纽带。戊戌年的腥风血雨尚未散尽，慈禧便继承了光绪的事业，掀起了声势浩大的政治改革运动。晚清的新政改革限于当时国人的认识水平，仍不出当年戊戌变法的那些内容。但作为一项实践了的改革，它在中国的影响持续了整整一个世纪。

19世纪的最后一年，义和团以灭洋为帜，兴起于华北。刚刚扑杀了维新变法的西太后因新旧之争而仇洋，因仇洋而排外，利益在守旧一边的朝臣嚣嚣然群起附和，朝廷遂挟义和团为重，下诏杀洋人。等到八国联军长驱直入，曾经如潮水一般涌入北京的义和团，又如同潮水一般向四面八方退去。在慈禧太后和光绪被枪炮驱赶着西狩之后，清朝权贵和守旧的朝臣大半成了祸首，杀、戍、革职、圈禁之后，气焰俱歼。西太后既造其因，又食其果，千里踉跄于国将不国之际，身受的惊吓，一面使她排外之心消而媚外之心长，一面又非常奇特地变成了一种比文字更有力量的启蒙。而后的痛定思痛，使一个极顽梗者在危势的逼迫之下接受了本来不肯接受的东西。于是便有了1901年初“预约变法”的上谕以及以后的筹备立宪。有人说新政改革是戊戌维新运动的继续，是慈禧完成了光绪和康梁未竟的事业。把新政和变法这样联系起来看，正说明了新政和变法在实质内容上的一致性。

洋人的枪炮打破了新旧之间的隔膜，40年来为隔膜所阻的种种纸上议论在后来的十年里，纷纷被搬入社会生活和政治生活之中，演为改制与改作。19世纪末维新派所预言的“变亦变，不变亦变”，在庚子国难以后已成了一种可以看得见的事实。这种逼出来的变法，虽然既不自觉又不自愿，但它终究以诏书的力量造出了洋务运动和维新运动都没有的规模和速度，使传统中国的“文物制度”在急匆匆的除旧布新中变得面目大异。

1905年新政改革的一个重要内容是废除科举。科举作为宋代以来知识分子进入上层政治的一个主要渠道，长期以来起着为统治阶层输送人才，维护统治秩序稳定的重要作用。科举制度被废除，使大批知识分子失去了进入上层政治的晋身之阶，使国内出现了一批数量可观的知识流民。再加上19世纪后半期改革学制，新学堂的大量出现，也培养了不少新的知识文化人。这些知识流民和新的文化人在入仕之途受阻之后，除少数出国留学之外，多半进入了军事学堂，摇身变为文化军官，这批人成为袁世凯推动军事改革的骨干力量。这股力量在接受了革命党人的宣传后，便立刻调转了枪口，把清政府赶下了台，这就是辛亥革命。

作为大力兴学事业的对立面，科举被废除是在所难免的。然而，中国传统的教育制度是与选官制度联系在一起的。教育和仕途成了剥离不开的东西。以改革教育为宗旨的育才兴学一旦实行，则不能不与选官的科举制度发生抵牾。至20世纪力行新政而广开学堂，则科举制度已成为兴学的一种阻力，两者之间不能相容。于是，自隋唐以来行之1000多年的科举制度便在“时局多艰，储才为急”的催逼下，被一纸诏书所废。当此之际，君臣都相信“三代以前，选士皆由学校，而得人极盛，实我中国兴学育才之隆轨。即东西洋各国富强之效，亦无不在于学堂”。[1]被西学理想化了的“三代以前”与“东西洋各国富强之效”联在一起，助成了新学堂战胜旧科举。然而当中国人为了回应西潮而一步步抛弃科举制度的时候，最先挟西潮汹汹而来的英国人，却接受了中国科举制度的影响，建立起自己的文官考试制度。以此量彼，可谓因果各异。

自“预约变法”以来，朝廷把废科举、兴学堂列为新政要目，期能以新学之才淘汰旧学之人。然而不几年，聚在学堂中的人们已兀然群起，一批一批化作了弄潮儿。盖“十年之间，闽严氏、浙章氏、楚谭氏、粤孙氏、梁氏。唱民权言革命，已大影响学子之脑海。戊戌政变，谭浏阳以为国流血自命，而汉口、广东接踵并起，社会教育之效力，明效大验”（《说社会教育》见《苏报》1903年5月24日）。先行者播下的思想在十年新政里燃为燎原之火，使新一代知识分子中的圣贤意态黯黯然澌灭，而豪杰意态勃勃然发煌，义理、辞章、考据一变而为声光化电、欧罗巴、亚细亚，再变而为自由、平等、民权、共和、国魂、黄种、白种、合群、人格、独

① 朱寿朋. 光绪东华录[M]. 北京：中华书局，1958:5391-5392.

立、社会、天职、牺牲、冲突、运动、革命和加富尔、玛志尼、加里波的、西乡隆盛、拿破仑、华盛顿等等。西洋思想和东洋词汇一批一批地被趸入中国学界，化出集群的高昂和亢奋。于是，在晚清的最后10年里，学潮便成为一种与兴学相伴而生的社会现象了。

西来的学理中最富有吸引力的东西往往是最朦胧的东西，在吸引力和朦胧性之间便产生了一种随意诠释，“自由者何？凡吾心所欲为之事，吾皆得而为之，而人断不能禁止吾，压制吾也”。（《童子世界》第四号《论自由》）舶来的观念经过这样的诠释不会不走样，但对于困于礼法和制度束缚的学堂中人来说，由此得到的正是一种斩芟束缚的利器。

当新学急遽进入中国之际，名词常常要比它所内涵的思想走得更快更远。大批的人接受了种种名词而来不及辨识本义，便非常自然地以旧知推度新知，把自己熟悉和向往的东西移入新名词之中，借西来的新学脱去原有的束制。抗争与姿纵、进取与盲动、血性与意气、公义与私利便羼在一起，汇为抗上的源源动力。起于学堂的风潮，从一开始就注定要越出门墙，汇入动荡的社会之中。成群的学子，因之而在晚清最后10年的社会冲突里成了以搅动天下为己任的人物。

作为一个社会群体，这个时候的学生都是新政的产物。但他们中的许多人却从一开始就期待和向往一种比新政更加剧烈的变动，深信“不举数千载混乱之政而毁之，改革之，使前此之国贼、民贼、群贼、人贼悉无所凭借，以存积重腐之窠臼绪余，则不可与言爱国”（《教育界之风潮》第五章）。以此立论，则社会进化中的新旧冲突很容易被鼓胀的热血简约为“不能破坏非英雄”（《国民日报汇编》二《苦学生》）。这种泛义的“破坏”观念未经界说却又不言自明，极富感染力地推动走出学堂的学生急迫地否定中国社会中既有的人物、制度、价值，与急急然而起的革命合流。他们中的大多数人并非都是自觉的革命者，但他们在为时局造动荡的过程中，又非常自觉地成为一种与政府相对抗的力量。与自发而起的民变相比，这种由“自由平权”“革命排满”之说催生出来的“谋不轨”显然内含着更多不易扑灭的韧性。学堂一个个成了以思想“肇祸端”的胚胎之地，斯文一脉遂横决而出，流入天下滔滔之中。

庚子之后，张之洞曾经说过：“欲救中国残局，惟有变西法一策。”（引陈恭禄著《中国近代史》商务印书馆1934年版下册P565）“残局”一词写照了民族危机压迫下的困厄，而与之相对的“变西法”一语则意在借社会改革作图存之计。但为“救残局”而“变西法”，则熔旧铸新之际牵动的都是群体利益和个人利益。因此，催发于民族矛盾的十年新政，反过来又成了促生和激化社会矛盾的一种历史过程。这种矛盾，使“救时”的新政不能不异化为民间的怨苦，并常常激生为以下反上的民变。

张之洞那一代由洋务而入新政的人们从国家观念演绎出来的变法，在下层贪官污吏的手里被变成了层层剥削的题目。这种蜕变说明，被求富致强简化了的国家观念，其实是一种内涵空泛而无法界定的东西，当这种东西从议论化为现实的时候，其不恤民生的一面便非常容易被没有主义的污吏所借用，演为赤裸裸的苛政。民怨带来的冲突，随着新政遍及了南北东西。曾经为变法做过前导的人们当然是向慕社会进化的，但变法的新政还没有实现预想中的进化，由这个过程所酿生的官民对抗却已经把社会危机带到了世人面前。旨在变旧法的新政派生出许多盘剥，而为盘剥所苦的民众一旦自发而起，又往往固恋旧习旧法，成为传统制度最有力的守护者。于是，由征敛而起的冲突，使开新和守旧的矛盾与吏治的清浊、民间的怨愤交相缠绕，演为经久不息的社会震荡。延续270年的祖宗法度因新政的改制正在节节脱散，而从东西洋移来的政制却刚刚在筹备之中，两者都无法驭勒民变的起落和漫延。衰迈的王朝遂不得不面对着一波连着一波的不息呼啸。

农村中的民变与官府相抵拒，城市里的学潮与朝廷相对抗。前者嫌变法太过急遽而起，后者恨变法太过迟缓而兴，两者各不相谋，但都表达了对于新政的否定。与这些起于局外的动荡腾乱相比，局中人在新政牵动下的分解组合和轧砾争斗则从另一面显示了社会矛盾的变化。

新衙门移夺旧衙门的治权，本是新政变法的题中应有之义，但其间的起落消长又太多以私利相啃噬的贪婪，遂使诏书所布告的宗旨一开始就被利欲销蚀得面目全非。两百多年来的祖宗成法已经积弊丛生，因之而有新政变法之说。然而自另一面言之，祖宗留下的旧例又曾长久地体现了一种制约，使官界中人在权力和利益之间常常要面对许多板结的界度而不能随心所欲。变法的新政以“廓清积弊”之旨改官制，倾力拆掉了久被诟病的种种成法，但热心于改官制的人们大半又是挟私心而来的各有怀抱者。于是，积弊还没有廓清，旧例的制约却已荡然无存，新立的衙门遂能肆无忌惮地逐利于众目睽睽之下。

虽说立宪之说在19世纪已经出现在中国人的议论之中，但在当道的眼里却是“肆为簧鼓”的东西。迨君主立宪的日本在战胜了中国之后又打败了俄国，报章论列率多以优胜劣败，物竞天择之理诠释两者政体，往往倾动官界中人。“于是立宪之议，主者渐多。”当权的官僚先后奏疏敷陈立宪，形成了一种以臣子议君权的局面。立宪的魔力在官场的纷然应和中被越放越大。于是而有1905年冬的五大臣出洋考察宪政和1906年夏秋之交诏书宣告“仿行宪政”。官界立宪言论哄哄然起于一时，然而能够真知立宪本意的人们其实并不多。

自从人才成为经世之学的一个题目之后，近代中国有心改革的忧时之士便常常憧憬“破格”。他们的议论持之有故，言之成理，能以文字演绎出圆通的道理。然而一旦移入新政，化为人人都看得见的东西，用文字说出来的道理就会变得全然不成模样：“自新政改官制添设各部，而该堂官误会破格用人之义，流品之杂，名器之滥，亘古未有。夫资格可破，品格不可破，一二人可破格，非尽人可破格也。乃市侩胥吏，弹冠相庆，皮毛新学，一岁三迁。”（《清末筹备立宪档案史料》中华书局1979年7月版上册

P339）由于“误会破格用人之义”，仕路就成为一种没有尺寸来度量长短的东西了。在旧格被破掉的地方，出现的是与之相对应的“人人争言运动”的幸门。这个过程用速成法造成了一批腾达的官僚，他们的面目还没有被世人熟悉，而一蹴之间已成官界要角。这种世路亢进留在官场里的大半都是污迹。后来成为北洋政府陆军总长的段芝贵，当时由巡捕起家，本是一个供达官差遣的走卒趋从，因捉得袁世凯家逃仆，“世凯大喜，赞其才，令捐道员，密疏保荐甚力”。迨新政改官制，段芝贵又出重金购歌妓杨翠喜，“献媚于载振”，遂一夜之间超擢黑龙江巡抚，成为封疆大吏。而旨下之际，“京员相聚偶语，皆不知芝贵为何许人也”。（《近代稗海》第一辑四川人民出版社1985年8月版P230）这种多数人的惊愕说明：破格一词非常容易在权势者手里演变为便捷私利的随意道具。

由新政而变官制，本以仿效东西洋各国之既强且富为因，然而其果则变官制而后开幸门，开幸门而后分群类，当群类既分之后，遂不能不起争斗。清代以抑朋党为家法，是以朝臣之钩心斗角多半流入阴柔一路，很少以赤裸裸的争克为手段。这种局面随改官制而变，于是阴柔转为悍斗，倾轧便成了一种常见的事。与前代朋党各立旨义以分水火相比，新政中的倾轧很难辨出君子与小人、正义与邪恶、天理与人欲。群分类聚的朝官各相撕咬，而面目则莫分清浊，一片混沌。庙堂内的斗法，翻出朝局的层层波澜，胜负之间没有善恶，只有利害。这些纷争常常会唤出人性中丑恶的一面，为后世留下许多笑料："常州朱宝奎游学西洋归，夤缘入盛宣怀门。宣怀以乡谊，处以铁路局小差。人颇机警，渐被亲任。不几年，由同知捐升道员，遂充上海电报局总办。凡各局弊窦，无不知之。窥宣怀有婢，绝美，求为篷室。宣怀不许，由是离交。私发铁路积弊，并钞录累年洋商交涉案，叛归袁世凯。世凯久涎铁路、招商、电报三局之利而不详其底蕴，至是得所借手，遂参宣怀，尽撤其差。以铁路局交唐绍仪，招商局交杨士琦，电报局交吴重熹，而保宝奎为邮传部侍郎。"然而被人所卖的人转过身来又卖掉了别人："盛宣怀既失铁路之利，郁郁不伸者累年。已而袁世凯黜，载泽与粤党争权，窥其有隙可乘，遂贿载泽六十万金，起用为邮传部尚书。载泽知盛宣怀多财善贾，因出宿储合成百万，托其存商生息。宣怀极赞萍冶矿局之利，给以股票一张。国变后排满之风日炽，悉侵没为己有，载泽不敢校也。"（《近代稗海》第一辑四川人民出版社1985年8月版P211、P302）晚清的变法新政由这些人过手，而在这些人手里，无论新政还是变法都变成了他们的一己之物利。官界遂成了当日中国最龌龊的一个地方。

在19世纪的内战中，国家权力由朝廷移向地方是在战争引起的社会震荡中发生的，其间既有被动的顺变，也有主动的应变。当时，疆臣在乱世里各自为计，因募勇成军而移去了朝廷的兵权，又因自筹饷需而移去了朝廷的财权。等到战火熄灭，这些由朝廷流向地方的权力已经收不回来了。居内驭外的局面由此而变。50多年来，这些下移的权力已在地方生根，并虬结出种种利益关系、社会关系和行政关系。因此，以“仿行宪政”来重建居内驭外之势的那些变法一旦推行，则一定会触痛这些关系，并使疆吏与朝廷中筹划的人们不能不龃龉相争。

虽说那个时候的政争旨在以各自的道理守护各自的权力，但舆论的同情显然在“争之而不能胜”的疆吏一面，而借集权之说重造居内驭外之势的“才敏气盛急于立功名之人”则不为多数所喜欢。这种由新政而起的裂痕一定会在新政的更张中扩大，并促成疆吏对朝廷的日益疏离。枢臣和疆吏同在新政局中，但两者都喜欢用自己那一面的道理诠释新政。于是，他们分解了新政，新政也分解他们。在因果循环之间，历史传统留给地方和朝廷维系彼己的同一性，遂被变革的更张一节一节地磨断了。

自19世纪50年代开始，国家权力在内战中脱出了旧榫，久蛰的绅士遂纷纷被时势召出来，在襄办地方事务的过程中各露头角。后来的50年里，通过科试、捐纳、保举得功名而又游离在仕途之外的人越来越多。他们中的一部分人在近代化运动的过程中由农村流向城市，更多的人则留在籍贯所在的地方，以其个体的知识、才干、名望、影响兴作于官府与民众之间，成为一种牵动上下的社会群体。在两百年久抑之后，绅权是被地方官扶持起来的。因此，在19世纪后半期，绅界中人大半不会有与地方官相颉颃的意识。然而官府的权力来自国家，绅界的利益则在地方，其间常常会有矛盾。绅权扩张的过程，同时也在促使这种矛盾一路膨胀。

以两千年历史为背景，此时腾起的绅权本是一种非常古老的东西。但自宪政之说倡行，从东西洋趸来的许多学说都在为绅界重造出别开生面的境界。1907年江苏巡抚陈夔龙说："近年预备立宪之举，颇为海内欢迎，而欢迎之故，无非歆动于地方自治一言。"（《清末筹备立宪档案史料》中华书局1979年7月版上册P178）地方自治之所以"歆动"人心，正在它所阐发的旨义能够被正在膨胀的绅权所借用，为古老的东西移接一副炫人眼目的新头脸。于是，本来傍贴于官场的绅权便因新政的展布而得以自立门户，在咨议局、城乡议事会和其他种种地方自治机构中得到了舒展手足的机会，并急迫地期待着在国会中更上一层楼。这种变化为绅界拓开了一种前所未有的政治空间。所以，一时声光炎炎的名流如张謇、汤寿潜、谭延闿、汤化龙、蒲殿俊等等，都官格齐备而不愿入仕途，宁愿以绅界领袖的面目造时势。而后，得新学之助的绅权便挟一派咄咄逼人的盛气，与官界权力步步对抗，节节冲突。这些争执当然都有是非之分，但是非的源头和归宿大半都在地方利益。可见新学提供的题目所扯动的常常还是中国社会固有的那些物事。

在19世纪的内战以后，随着国家权力的下移，有过一个疆吏向朝廷争利权的时代。等到20世纪初年"仿行宪政"，则是绅界坐大，他们既向疆吏争利权，也向朝廷争利权。这种演变曾寄托了中国人进化的期望，而在当日却直接地促成了上流社会的紧张和分裂，仿行宪政的局面便常常使人想到历史上的乱世。绅权是一种两头有刃的东西。它们在新学引发的社会变动中动辄代表地方利益以制官家权力，显示了前所未有的锋利。然而绅权的过度扩张又未必总是地方之福。从咨议局往下看，非常容易见到这个过程搅出来的种种腥秽。有个言官奏论地方自治，鄙夷地说："臣闻各省办理地方自治，督抚委其责于州县，州县复委其责于乡绅。乡绅中'公正廉明之士，往往视为畏途'，而劣监刁生，运动投票得为职员及议员与董事者，转居多数。以此多数刁生劣监，平日不谙自治章程，不识自治原理，一旦逞其鱼肉乡民之故技，以之办理自治，或急于进行而失之操切，或拘于表面而失之铺张，或假借公威为欺辱私人之计，或巧立名目为侵蚀肥己之谋。甚者勾通衙役胥差，交结地方官长，藉端牟利，朋比为奸。"（《清末筹备立宪档案史料》中华书局1979年7月版下册P757）由此显露的也是一种前所未有的锋利，而被割的则是绅界所代表的地方民众。显然，与绅权相表里的地方自治，当时给多数人带来的大半都是怨恨。

为立宪植根本的东西自东西洋传入中国后，则变成了劣绅施用"旧技"的场所。旧染中习见的操切、铺张、欺人、肥己本在传统道德的抨击拘束之中，得此一番错动，却成了被解放出来的东西，可以赤裸裸地放手横行于人世而无须惭怍。随之而来的是一种没有法度的局面。十年新政效法西法以除旧布新，把那一代中国人拖入了一场自上而下的社会变动。然而，舶来的西法改造了中国社会，两千年历史积淀而成的中国社会也改造了舶来的西法。这种交互改造使西法和中法都失去了本来的面目，四万万人遂身在新旧之间沉浮而两头不到岸。

被时势卷入变法的人们没有一个能得其利乐，当得益于新政的那些人也成了新政反对者的时候，这一场迟来而又急速的变革便陷入了既没有进路也没有退路的困局。十年之间，君权进行了新政。然而在新政犁过的地方，为君权垫底的基石却先被撞碎。曾经使疆吏、枢臣、朝官、亲贵、缙绅、武将和众多附着于科举制度的士人合为一体的那些东西，在这个过程中日趋分崩离析，随后产生的是一个个分异的利益群体。这些不同的利益群体都托身于同一个社会构架之中，但他们招来的仇神却放手悍斗，在踢打之际不停地扯散这个社会构架。从秦汉以来，中国历史中还没有过这样自深处发生的圮塌。与上层建筑层层圮塌相对应，是下层社会日积日深的愤怒和新知识群体越来越急切地呼应革命。旧时的社会因此而进入解体之中。

在晚清最后的五年岁月里，一面是朝廷改旧官制，开资政院，设咨议局，办地方自治，以一种极快的速度仿制出西方立宪国家中的许多政治构造；一面是朝廷以利害制约宪政的内涵和外延。这种包办使仿制出来的东西常常要在权力的勒限中走样，"听其言则百废俱举，稽其实则百举皆废"（《辛亥革命前十年间论文选集》生活·读书·新知三联书店1977年12月版第3卷P646），因果相悖，"北辙求南，愈趋愈远"（《论责望政府》见《大公报》1907年6月8日中华书局1979年7月版下册P757）。前一面以改作旧制移来了种种君权的异体，使两千年来的乾纲独断之局和外洋传来的天演公理同处于一室之中而相互颉颃。由此促成的变化一定会动员社会，于是民气日益发舒。然而，后一面则自上而下地为变政立界，深恐谬说风起，淆乱黑白。这种直接的阻遏，构成了两者之间不可调和的矛盾，使前所未有的社会进化与前所未有的社会争斗交相舛错。于是，清末新政因筹备立宪而达到高潮，也在筹备立宪的过程中放出了滔滔的决堤洪波，并最终引来了辛亥革命。

（于1997年）

戊戌百年的思考

1998是戊戌变法一百周年的纪念。百年后再回头看一下这场摄人心魄的变法运动，不免令人感慨万千，不能不产生许多的思考。百年来，戊戌维新不断激起读史者的遐想。辛亥革命以后，不满意中国乱象的人常常发出一种慨叹：如果戊戌维新像日本明治维新一样地成功了，中国也许早就顺利进入了现代化的建设历程。这种感慨是很自然的，但也隐含着一个历史判断，即认为戊戌维新未尝没有成功的可能性。戊戌变法能成功吗？这个问题像梦幻一般，缠绕在读史者的心头。

一、1895年，震动中国使国人深感痛苦的甲午战争终于结束了，《马关条约》的签订成了套在国人头颈上的屈辱牌。

屈辱感和爱国心转瞬间汇成了士大夫阶层自强保国的汹涌潮流。这一年前后的中国思想界出现了两件大事，这就是严复翻译的西书《天演论》和康有为的两部学术著作《新学伪经考》《孔子改制考》。这几本书掀起了中国思想界变革的巨大风潮。严复把社会达尔文主义引进中国，它让中国一代知识分子深感忧虑的是：在这个优胜劣败，适者生存的世界上，历五千年文明之久的华夏民族，这个有四万万人口的泱泱大国，将面临亡国灭种的危机！新的理论如同地震一般，一下子增强了国人“保国保种”的紧迫感。与严复相比，康有为的两部书可以说是直接为戊戌变法提供了理论依据，无疑具有更为重要的理论意义。康有为在全力开展政治活动之初，于光绪十七年（1891年）出版了《新学伪经考》，一纸风行，梁启超比之为思想界的飓风。此书的最大震撼性在于断言古文经皆汉儒刘歆伪造，目的是为了消灭孔子大义，因而使两千年来帝国所尚之经概属伪经，以至于今之学者虽崇经学，实不知圣经之真义。康有为特别指出刘歆作伪的动机，是助王莽篡位，以伪《周礼》作为新朝改制的依据，以伪《左传》作为新朝新君登基的依据。所以，刘歆之篡经可等同于王莽之篡汉，此即康有为之所以称经古文为新学的缘故。

康有为的《新学伪经考》意在打破旧权威，之后他又花了五年时间写成了《孔子改制考》，意在建立有利于改革的权威。他无疑利用孔夫子的权威，甚至把孔圣人打扮成改革派。康有为的真正意图是要证明孔子是他那个时代里一个伟大传统的创造者，而非历史授受人。在康有为的心目中，孔子甚善于托古。康有为称孔子改制仅立大纲，尽可由其门徒充实内容。此意乃指，后世儒者也大可增益儒教，以推陈出新。这未尝不是说，康以儒者的身份也可以为公羊学之骨增添血肉。康有为在诠释儒学之际，任意参照现代西方的社会达尔文主义，为时代的需要，凸显而且发展了若干公羊学的隐义，特别是将公羊三世之说，演成从专制到君宪，再到民主的政体发展说。此说为他在百日维新前夜，奠定了一个重要的理论基础。

康有为刻意将孔子作为他的变法伴侣，是经过深思熟虑的，因儒家思想曾主导中国的政治和社会长达两千年之久。康自身所处之世虽然世道衰微，但儒学仍然是绝大多数士大夫的信仰。一旦孔子可以成为改制的教主或变法的同道，则全国全民自会景然从风，推行新法。不过康的想法与实际情况颇有距离。在政治层面，康最后虽得到光绪帝见听，但因慈禧的阴影，光绪不能施展皇帝应有的权力。光绪立志变法，反而造成两宫不和，结果是未见其利，已蒙其害。在思想层面，康之以儒变法，引起极大的争论，甚至强烈的反弹，说明把儒教建成变法之教并不成功，更是似乎有害而无益。

康有为是一个有创意的哲人，欲借公羊之帆驶变法之舟。至于说康之创造性的诠释，到底重振了儒学还是毁了儒学，则属另一回事。不过，从事后看来，应是毁多于立。康有为心在变法，却不自觉地动摇了儒家的根基，触动了革命思想。换言之，康有为重诂儒学原是为了变法，然而他诠释出来的蕴意，并不受制于其原来的意图。事实上，他的哲学诠释所产生的后果，与他的本愿相差甚远。康有为的哲学诠释是为了政治改革，结果无论是具有破坏性的《新学伪经考》，或是具有建设性的《孔子改制考》，都成了改革的负担。许多掌权者以及一般士大夫都因康的经说之具叛逆性，而怀疑他变法的诚意，于是有“不反对变法而是反对乱法”之说[①]。最后康党也是在乱法的罪名之下遭到镇压。这不得不令人感到，康之利用孔子，反而加深了保守派的敌意。此外，他

① 苏舆. 翼教丛编[M]. 台北：文海出版社，1970:74-90.

为变法所立的学术理论，显然与实际情况有不合之处，应是始料未及。按其三世进化之说，当前的变法应是推行君主立宪，而立宪须开议院；然而当时中国不仅开议院的政治与社会条件没有成熟，而且开议院显然将削弱君权，君权在戊戌变法之年，是太弱而不是太强，若君权再弱，何以推行变法？康氏有鉴于此而临时改变主意，于百日维新期中，不主张开议院，更进而提倡君权。这虽不能说是康的机会主义表现，但多少显示他花了大气力的学理，想学以致用，结果反而给政敌提供了攻击的弹药。

从中国近代思想史的角度看，康之公羊学以及对儒学的重新诠释，虽不利于变法，却大有利于革命，此正是攻击康的保守派所忧虑的。梁启超也承认乃师的经说，导致对整个古典传统的怀疑。康虽无意成为解放思想的英雄，却无心地做了思想启蒙之师。他想要重新发现儒家的真理，但是近代新儒的建立，却因疑古疑经的风潮而困难重重。他的孔教计划亦乏善可陈，把孔子神化，事实上更加有损儒家在近代的信誉。康有为于晚年极力护孔，抵抗各种文化极端主义，但并无成效，因而被新一代知识分子讥为反动派或顽固派。其实，五四那一代的学者和知识分子，也有不少承认受到康有为经说的启发，如顾颉刚说："自从读了《孔子改制考》的第一篇之后，经过五六年的酝酿，到这时始有推翻古史的明了的意识和清楚的计划。"[1]顾的话落实了五四疑

① 顾颉刚. 走在历史的路上：顾颉刚自述. 台北：远流出版事业股份有限公司，1989:83.

古派与康有为之间的关系。毫无疑问，康为了变法而设计的哲学诠释，无意间却打开了疑古和反孔的闸门，自此洪水滔滔，波涛汹涌，余波荡漾。

二、作为中国传统文化继承者的康有为，不管其向西方借来了何种武器，但其思想的深处仍然积淀着儒家文化。

儒家文化是一种带有意识形态性质的政治文化，它强调“道之大原出于天，天不变，道亦不变”，而这种“道”又是“不可须臾离者也”。这种非此即彼的价值观与思维方式，深深影响着康有为及其同道。

康有为的传统思维方式把目标与手段视为道德上不可分的整体，由此衍生出两个基本特点：首先，它否认从现实状态向理性状态的进步存在若干并不完美的中间阶段；其次，在这种思维方式与价值观的支配下，人们习惯于对问题和选择作非此即彼、非正即邪、非善即恶的两极分类。在这期间，渐进、宽容、妥协、多元性存在的价值与权利都不具有合法性。这两个特点，使康有为及其同道极易在政治行为层面产生价值上的独断论。具体说来，只要当他们认定自己所从事的事业、理想是动机正义与愿望善良的，那么，凡是不同意自己政见的反对派，必然是出于道德上的邪恶与堕落。对于邪恶者，那就只有采取排斥、斗争与消灭的方式来对待。

在《明定国是诏》发布之后很长一段时间内，康有为反复强调“新旧水火不容”，改革与保守“势不两立”。他在回答荣禄问及应如何变法的问题时称：“杀两品以上阻挠新法大臣一二人，新法则可行矣。”[①]凡此种种言论、献策与措施，决不能简单地看做是康有为等人的个性缺点或缺乏政治经验所致。应当看到，这是中国传统文化中的完美主义及其固有的思维方式，对康有为等所形成的深刻影响。这种影响不仅表现在他们对待反对派的态度上，而且也表现在他们在失败之后对这种失败原因的解释上。在康有为看来，既然他们的动机与意图是纯正的，那么，变法失败的责任就不应当由他们承担，而只能是由那些“邪恶的”反对者承担。康有为在这一点上表现得特别突出，他事后从来没有承认自己在变法过程中有任何过失，以致梁启超在1902年与康有为因政见分歧而发生争执时，曾在给康的信中尖锐地批评他从来没有听取过别人的任何劝告，总爱一意孤行。在变法派内部，康广仁、王小航这些人士都劝说过他，但都无功而还。在康有为看来，只要意图纯正，行为自然也是正确的；如果失败了，那只能是由于对手过于强大，由于中国人太愚昧，由于天意或其他种种因素，而所有这些均与他个人无关。改革过程特别需要在现存体制不发生根本变动的条件下，尽可能团结大多数人群，尽可能利用现体制内的共识资源与传统权威的合法性，使改革过程的权力与利益再分配所引起的震动减到最低程度。当中国最需要她的改革者们运用智慧与能力来进行改革时，传统文化中的那些固有的因素却激活了早期中国改革派中最不利于改革而最利于革命的因素。

① 曹孟其.说林.《甲寅周刊》第34号.

作为中国近代启蒙思想家的严复，也是中国变革思想的最早提倡者，与康有为不同的是，他根据中国社会的实际情况，主张改革应该渐进。他在戊戌变法前三年就曾指出，一个社会长期形成的风俗人心，是制订变法计划时应充分考虑的前提。严复认为，变革者本人尽管可以为国事而作出某种牺牲，然而“天下生先觉也不易，而种之有志士也尤难。以一二人倡说举事之不祥，谋事之未臧，而又使吾国受大损也。且其效又如何”[①]？严复还认为，康有为在变法战略上的根本错误，可用十六个字来概括：“轻举妄动，虑事不周，上负其君，下累其友。”他认为，中国局势之所以陷入如此不可收拾的地步，康梁是负有重要责任的。

严复反对以激进主义的方式来解决中国的现代化改革问题，认为激进主义者的根本错误，就在于他们把中国在长期历史条件下形成的复杂问题看得过于简单。在戊戌变法失败之后五年即1903年，他还进一步指出：“浅谫剽疾之士，不知其所从来如是之大且久也，辄攘臂疾走，谓以旦暮之更张，将可以起衰而以胜我抗也。不能得，又搪撞号呼，欲率一世之人，与盲进以为破坏之事。顾破坏宜矣，而所建设者，又未必其果有合也。”[②]

特别值得指出的是，严复在这一段文字中所提到的那些“浅谫剽疾”者，当他们在现实面前碰壁之后，由于“不能得”而“搪撞呼号”。这一观点点出了激进主义者所陷入的“自我循环”问

① 严复.主客评议[M].北京：中华书局，1986:13.

② 严复.群学肄言[M].北京：中华书局，1986:123.

题：激进主义者一旦在遭受失败之后，由于他们简单化的政治思维，以及他们在现实中受挫折而产生的焦灼与心态失衡，往往会进一步在这种激进主义思维定式的支配下，变本加厉地谋求更为激进的解决，“其进弥骤，其途弥险，新者未得，旧者已亡。伥伥无归，或以灭绝。是故明者慎之”。[①]

近一个世纪以来，我们对戊戌变法的失败与研究恰恰是倾注了太多的道德同情与辩解。多年以来，人们对戊戌变法的认识，大多停留在对保守派责任的追求与道德声讨上，而较少对变法派本身的政治行为与决策上的失误进行反省。沿着这条思路进行思考，得出的结论自然是：由于在一个过于僵化的保守制度下，变法从根本上难以实现，所以中国只能通过革命暴力来扫除旧势力，重建新秩序。这种思路会导致人们形成一种思维误区，即认定在中国传统专制政体下，由于保守势力特别顽固，由于改革派受到保守派的压力过于强大，所以，在中国集权体制下进行任何变革都是不可能取得成功的。人们甚至还会进一步认为，在中国“所有改革者都是没有好下场的”，而要解决中国社会与政治变革问题，只有通过大刀阔斧地、毕其功于一役地“与旧的体制彻底决裂”，于是导致戊戌变法失败的那种激进主义思维模式，反而进一步又成为人们在新的历史条件下对待变革问题的前提与出发点。

对于一个生活在新的变革时代的中国人来说，我们不应该继

① 严复.政治讲义[M].北京：中华书局，1986:1242.

续简单地把这些改革发起者们视为诗化的审美对象，而应该进一步去发掘他们失败的悲剧对于当代人在从事新的变革事业时所具有的启示意义。

三、抛开康有为变法理论和思维方式的缺陷不说，单就戊戌变法本身而言，其成功的可能性也是极小的。

首先，中国传统的官僚政治体制在适应变革方面存在着一个两难矛盾：一方面，只有当改革者在这种体制下被充分“官场社会化”，并以广大官僚群体认可的行为方式与态度取得对改革旧体制的政治经验与政治技巧后，才能使改革的计划更为周全与切合实际，而不致引起与整个官僚阶层的严重对立；另一方面，由于中国这种政治体制的极度封闭性，当官员在这种制度下生活得越久，阅历与经验越丰富，也就是说“官场社会化”的程度越高，他也就越会习于所安，承袭旧章，他的锐气、感觉则越是迟钝，越是缺乏改革的热情与能力。

戊戌变法的初期，刚返国不久的驻日本神户领事郑孝胥，就相当清楚地认识到这一矛盾。他在给皇帝的奏折中指出：“默察京师大局，其老成者既苦于素无学术，其新进者又苦于未经历练。”①此言可谓一语中的。而戊戌变法的失败，又恰恰与此有关。中国变法这种特有的矛盾，导致了一种固有的局面：社会一旦要进行变革，就会缺乏那种富于体制内政治经验的适当人才来担

① 明清档案馆编. 总理各国事务衙门大臣章京郑孝胥折. 戊戌变法档案史料[M]. 北京：中华书局，1958:11.

当改革大任。中国最需要的，是那些既有官僚政治经验而又感觉敏锐，通晓世界大势的改革人才，然而这种人才却很难找到。正因为如此，郑孝胥说，中国变法最大的困难是“有君无臣之忧”，一针见血地指出了中国变法所面临的两难境地。

晚清的政潮激化中有两股不同的改革力量：一股是占据庙堂的封疆大吏组成所谓的“洋务派”，他们是旧体制内的改革力量；一股是在野的士大夫阶层，其中主要是年轻的知识分子。前者是实用主义者，他们从多年来自强运动的实际经验中，似乎已深切地认识到，无论是器物的引进还是局部的制度调整，最后都不免要触动原有体制的基础，但是在意识形态上，他们仍然是体制内的改革者。后者则是理想主义者，他们接受了许多刚刚引进的西方观念与价值，以激昂的姿态提出了变革的要求。他们的基调也仍然是“变法”而不是革命，所以他们宁愿采取“公车上书”等和平请愿的方式。这两股力量在危机最紧要的关头，虽有合流的倾向，但二者之间关系的紧张和思想观念的不同使得他们不可能走到一起，正由于这一原因，所以他们悲剧的结局是共同的。

其次，戊戌变法毫无疑问是针对中国传统体制提出了全面改革的要求。其中如开国会、定宪法的主张已完全突破了中国传统的政治体制。这一全面体制改革的要求并非突如其来，而是从自强运动的局部变法中一步步逼出来的。这一点严复早在1896年2月与梁启超讨论变法问题时便已点破，即所谓“一思变甲，即须变乙，至欲变乙，又须变丙”。[①]可见基本体制的改革往往牵一发而动全身，一经发动，便如危崖转石，非达于平地不止。这种完全突破中国两千年传统政治体制的变革，在当时不仅各种准备不足，而且条件也不成熟。光绪与康梁等人的急切操作，只能带来顽固守旧势力的强烈反抗，而将变法扼杀在摇篮之中。

今天，我们可以总结的戊戌变法失败的原因很多，但最根本的原因则是当时国家利益和王朝利益的冲突。1898年旧历三月，康有为在北京召开保国会，声势极为浩大，引起守旧派的强烈反对。据梁启超说，当时最有力的反对口号便是御使文娣所上长折中“保国会之宗旨在保中国不保大清”这句话。[②]可见在守旧派眼中，变法即使有利于中国，也将不利于清王朝的统治，这成为戊戌变法失败的总关键。因为清王朝是满洲人建立的，所以国家与王朝的利害冲突最后都会集中到满汉矛盾上面，这是无法回避的。戊戌变法的直接后果是让满族统治集团忽然警觉到：无论变法会给中国带来多大的好处，都不能为此而付出满族丧失政权的巨大代价。开国会、立宪法则必然导致满人不能再控制政权，他们享受了两百多年的特权和既得利益便将从此一去不复返了。连当时并不排满的汉族知识分子对这一点也看得很清楚。1901年，孙宝萱读魏源的《进呈元史新编序》，魏序说元朝之盛超过汉唐，既无昏暴之君，又无宦官之祸，仅仅因为朝廷“内北国而疏中国，内

① 王遽常. 严几道年谱[M]. 北京：商务印书馆，1936:29.

② 梁启超. 戊戌政变记[M]. 北京：中华书局，1989:76.

北人而外汉人、南人”，便“渔烂河溃而不可救”。孙宝萱按语说：“本朝鉴元人之弊，满汉并重，不稍偏视；故洪杨之乱，犹持汉人为之荡平。迨戊戌以后，渐渐向用满人，摈抑汉人，乃不旋踵祸起辇毂，宗社几至为墟，噫！”①

戊戌变法之时，康有为主张将变法实权给予新擢“小臣”与“才俊志士”，这当然是指那些追求变法的汉人如谭嗣同、梁启超之流。康有为大概是想效法王安石故智，以祠禄奉养反对新法的大臣，另外进用赞成新法的新人。但他忽视了一个重要的条件：当时宋神宗是个拥有全权的皇帝，而反对新法的人既不是一个有组织的特殊统治集团，更不是宋王朝的唯一权力基础。宋神宗只不过是在两派士大夫之间做出了选择而已。现在康有为以此期之于毫无实权的光绪帝，他的希望是必将落空的。满族亲贵作为一个特殊统治集团的既得利益者本能地懂得权力的无上重要性，他们是不可能被个别击破的。作为满洲正黄旗人的御使文娣，以“保中国不保大清”责康有为，他的言论绝不仅仅代表个人，而应看做是满人“一族专政”的共同意识。所以政变以后，他得到了慈禧的特别赏识。②

后来的历史研究者在探讨戊戌变法失败的原因时，多论及帝党与后党的利益之争，想由此寻到一些令人满意的解释。不言两党确实存在与否，仅就慈禧与光绪婶侄之间的矛盾纠葛来说，

---

① 孙宝萱. 忘山庐日记[M]. 上海古籍出版社，1983:373.

② 中华民国北洋政府设馆编修. 清史稿[M]卷445本传. 北京：中华书局，1977:12468-12469.

却是不争的事实。光绪对慈禧的反抗隐约地存在于潜意识中，本是不敢公开化的。在关于变法的公共问题上，他敢于与慈禧持不同的立场，因为这是“化私为公”的间接反抗，不是个人之间的正面冲突。所以说，光绪的变法又隐含着对其个人权威的树立与伸张。在这一点上，光绪颇得当时的变法派和一般社会舆论的同情。但是，所有这些对于整个国家机器的运转方向并不产生决定性的影响，慈禧代表整个满族统治者，仍然掌握着这个巨大的国家机器。据光绪在戊戌旧历七月二十八日交杨锐带出的“朱笔密谕”说，他主张变法，“而皇太后不以为然。朕屡次几荐，太后更怒，今朕位几不保。汝康有为、杨锐、林旭、谭嗣同、刘光第等可妥速密筹，设法相救。朕十分焦灼，不胜企望之至。”[①]试想光绪连自保的力量都没有，最后尚须乞援于后进新人康有为等，他怎么可能主持变法，推行从上到下的全面政治改革？他只不过是满族统治阶级中一个游离出来的分子，是国家机器中脱落下来的一个零件，而康有为等却把他当做政治权力的核心，欲借其而改变整个国家机器的运转方向，到头来自己却先被国家机器轻轻碾碎，这不能不是历史的巨大调侃。

古今中外的任何政治改革都必须从权力的中心发动，其途径是由上而下，反之则是所谓革命。康有为、梁启超、谭嗣同等所推动的戊戌变法便是一种由上而下的改革，所以他们把一切希望都寄托在光绪帝身上。这也是他们最初能得到自强派领袖如陈宝

① 黄浚. 花随人圣庵摭忆[M]. 上海古籍书店，1983:502–503.

箴、刘坤一甚至张之洞等人的支持的主要原因。这种变法的方式在儒家的政治传统中叫做“得君行道”，最典型的例子是宋代的王安石。但“得君行道”的理想在王安石以后已趋于幻灭。明儒自王阳明以下，大致已放弃了“得君行道”的上行路线而改变方向，以讲学和其他方式来开拓社会空间，他们的说教对象不再是朝廷而在民间。在明代君主专制的高峰时代，“得君行道”不仅已不可能，而且还会招杀身之祸。明末东林党人忍耐不住，挺身而出，其结局便是黄宗羲所谓“一堂师友，冷风热血，洗涤乾坤”。康有为等在甲午战败，外患严重之际，以为有机可乘，因此发动了变法运动。但他们似乎对满人“一族专政”下的权力结构缺乏深刻的认识，最后以浓厚的喜剧色彩重演了明末东林党人的历史悲剧。

（于1998年）

文化观察

世纪之交的回望与断想

中国人的思想与文化

中美正在打一场经济战争

中国传统文化与现代化

甲午战争是日本唤醒中国的一记重拳

世纪之交的回望与断想

公元2000年是农历庚辰年，它是中国的属相年，标志着古老的中国龙游进了一个新的千年。12亿人的步履匆匆，转眼就要跨入即将开始的新世纪了。在新千年和新世纪诱人的召唤中，我们站在世纪末的门槛回首望去，一个世纪，几代国人为之奋斗的目标究竟是什么呢？由大清到民国，再到新中国，国人梦寐以求、力欲得到的东西，不外乎是使中国迅速走向近代化。由是可以断言，下一世纪我们要为之努力的仍将是实现近代化的问题。

“现代化”与“近代化”在西方语汇中本是同一个概念，中文之所以把它分开，是国内史学界为了划分新、旧民主主义革命两个历史阶段，而以五四运动作为标志进行了区分。

早在上个世纪，伴随着工业革命增添的近代动力，西方列强打破了封闭已久的国门，国人惊呼：洋人来了！从此中国出现了许多前所未有的新事物：租界、利权、机器、轮船。李鸿章将此概括为：中国遇到了三千年未有之大变局。所谓“三千年”，它穿透了自西周开国以来的所有历史，囊括了由秦始皇统一中国以后的所有王朝，这个前所未有的“变局”显然是夷狄入侵和改朝换代不能与之相比的。这是什么样的“变局”呢？后人将它概括为三个字：近代化。这是中国社会的一次彻底的脱胎换骨。

一、中国走向近代化的历史路程

中国走向近代化的历史，是一部由传统小农经济向工业社会转化的历史，是近代中国社会转型的历史。这种社会转型始于1861年，这一年发生了两件具有象征意义的事情：清政府设了总理各国事务衙门、曾国藩建了安庆内军械所。前者标志着中国开始正视洋人，以平等姿态处理各种洋务；而后者则为中国工业化的滥觞。二者都源于西方列强对中国的挑战。自此中国的近代化运动，走过了自强、变法、革命和改革的历程，这是中国走向近代化的四个历史阶段。

第一个历史阶段是自强。以洋务运动为标志的自强之路，始于1861年，结束于甲午战争失败的1895年初。洋务运动时期的成就主要有：建立了一批实业，开风气之先；培养了一批人才；翻译引进了西学；军事上实行了强兵政策。但由于种种原因，以李鸿章为领袖的自强运动终告失败。

第二个历史阶段是变法。甲午战败，使国人不满足于器物层面的变革，开始在制度层面寻找出路，于是出现了康有为、梁启超等人的变法维新运动，这是上流社会对国家自强的新探索。戊戌变法虽因光绪皇帝与康、梁等一些年轻士子的急于求成而流产，但经历了八国联军之难的西太后回京后，继续了光绪的变法，于是有了晚清新政改革和随后的筹备立宪运动。这些以改变祖宗成法为内容的变法活动，是以西学之用护中学之本，可惜来得太迟，改得太慢，尚未见效，便被革命的风暴席卷而去。

第三个历史阶段是革命。辛亥革命结束了两千年的帝制，也结束了清政府搞了多年而不见成效的变法运动。从辛亥革命、五四运动到新民主主义革命、社会主义革命，再到无产阶级专政下的继续革命和“文化大革命”，革命的浪潮一浪高过一浪，如同决堤之水，一发而不可收。革了封建主义的命，革了资本主义的命，又革了“走资派”的命，最后“灵魂深处爆发革命”，革了自己的命。等到人们终于发现用革命的方法并不能解决近代化的全部问题时，国人告别了革命。

第四个历史阶段是改革。十一届三中全会是中国近代化的一个重要里程碑，它确立了对内改革，对外开放的新方针，标志着改革新时代的到来。如同革命是对变法的否定一样，改革也是对革命的调整。改革走到今天，所取得的重大成果国人有目共睹，无须赘言。

从1861年至今：34年的自强，16年的变法，67年的革命，21年的改革，中国走向近代化的历史路程清晰在目，但留下的脚步并非一条直线。从器物层面到制度层面，再到观念层面，国人每向前迈进一步都异常艰难，但却是一种不断提高的过程。充分回顾和总结其中的经验教训，是历史留给新世纪国人的严肃任务。

二、向西方学习的三个老师

中国走向近代化的过程，也是不断向西方学习的过程。“向西方学习”作为一个奋斗目标，国人在认识上经历了巨大的转折。林则徐时代的“师夷长技以制夷”，“制夷”是目的，华夷是根本对立的。到张之洞时代的“中体西用”，中学与西学已可以平等相处。再到胡适的时代，“打倒孔家店”的呼喊震撼神州，国人已经全面拥抱西方，而视守旧的辜鸿铭为不可理喻的怪人。从“制夷”到“打倒孔家店”，国人的立场在短短70余年的时间中转了180度，真可谓世风骤变！

在学习西方的过程中，国人先后参拜了三个老师，即欧美、日本和苏联。

国人最早接触到的西方世界，是英法德美等西方资本主义国家。西方列强用大炮轰开了天朝的国门，国人在体会洋枪洋炮厉害的同时，深切感受到己不如人的滋味。于是，向西方学习便从坚船利炮开始，由军事工业到民用工业，由技术到思想文化，逐渐蔓延开来。清政府派出大批留学生到欧美学习，如刘步蟾、严复、詹天佑等。留学生们把欧美的技术与文化带回中国，给古老的黄色土地增添了些许蓝色。

不堪回首的甲午战争，使国人对自己的近邻不得不刮目相看，日本人学西方得法，有成效，可为中国之师。自1896年后，中国的留学生不再远涉重洋去欧美，而是转向了一衣带水的日本。到五四时期，中国留日的学生已有两万余人。这些留日学生受日本浪人和明治维新后革命思潮的影响，革命情绪日渐高涨。孙中山也在此时来到日本，成为早期的革命家，并建立了同盟会。国人从日本学会了国民革命，宣传反满，开展刺杀清朝权贵的活动，在国内各处举行武装起义，终于在辛亥革命中结束了帝制，迎来了共和。

第一次世界大战结束后，英法美和日本做了个卑鄙的交易，把德国在中国山东半岛的权益转让给日本。中国作为一个战胜国居然不能收回自己的领土，这件事激怒了所有的中国人，五四运动蓬勃兴起。国人终于认清了欧美和日本的狰狞面目，两个老师轰然倒地。中国以谁为榜样？中国向何处去？就在国人迷茫彷徨，手足无措之时，俄国革命一声炮响，给中国送来了马克思列宁主义。俄国的经验既满足了国人反对西方列强的要求，又给中国人送来了一种全新的社会革命的模式，于是走俄国人的路，成为当时中国先进分子的共同心声。从此苏联成为中国第三个老师。

在20世纪的大多时间内，中国是在苏联的指点和帮助下走过来的。以苏联为师，让中国备尝甜酸苦辣。学苏联建立的计划经济，今天已成为我国经济转轨的重大难题；苏联东欧之变给中国带来了信仰危机。向苏联学习的时间最长，留给我们的思索也最多。

在中国向西方学习的过程中，日本和苏联对中国的影响最大：中国向日本学习了国民革命，向苏联学习了社会主义革命。有过沙皇和天皇的国家在向中国输出革命的前后，也输出了灾难：俄国占去了中国六分之一的国土；日本两次打了中国，屠杀了2000多万中国人。尽管如此，国人并没有放弃向西方学习的努力和信念。然而中国知识分子真正接触西方文化的时间极为短暂，又是以急迫的功利心理“向西方寻求真理”，并未进入西方文化的中心。加之国人所接触到的西方文化经过日本、苏联加工重揉，已多少失去了原味。取法于上，得法于中；取法于中，得法于下。其结果是，百余年来中国知识分子一方面自动撤退到中国文化的边缘，另一方面又始终徘徊在西方文化的边缘，好像海上迷失的一叶孤舟，找不到出路。时至今日，仍不得不从头学起。值得反省和深思的是：在一个多世纪的时间中，我们究竟从西方得到了什么？而我们最需要得到的又是什么呢？

三、对近代化运动的认识与反思

长期以来，西方学者所说的近代化，实际上是以17世纪以来西欧和北美社会为标准的。这种认识传到中国，近代化便成为接受西方的价值体系，于是现代化等于西化。其实在今日的现实世界中，我们找不到任何一个具体的西方现代生活方式是十全十美可供借鉴的。英美德法各国尽管同属西方，其发展仍多差异，各具独特的历史传统，有些特征不但不能适合其他非西方国家，而且早已引起西方人自己的深切反省。所以说，近代化不能等同于西化，已是非常明显的事实。其实，就近代化本身来说，它并非是一个清晰的目标，而是一个不断前进的历史过程。在这个过程中，人们看到的只有一次次的前进或倒退。我们对每一次所取得的进步都应该予以肯定，而不能妄自菲薄。由于近代化运动是与不断进步相关联，而不是与某个目的相联系，所以改革不能带有功利的色彩。

已经到来的新世纪将是一个近代化的新时代，与20世纪不同的是，高科技已将整个世界变成了小村庄，全球化的趋势不可阻挡。中国要改革，中国要开放，中国迟早要融入世界。20年的改革，要改掉的是苏联模式的计划经济体制和中国落后的生产方式；20年的开放，是要向整个世界开放而不含有意识形态的区别。中国融入世界的目的是实现近代化，其途径是改革开放与世界接轨。在这方面，体育做得最好，经济正在改进，而其他方面尚无大的举措。因此，如何更加全面、充分和全方位地与世界接轨，是我们在实现近代化时必须认真思考和解决的问题。

百余年来，与中国近代化运动并行的是农民的革命运动，农民革命的目的是要在中国建立一个理想王国，从洪秀全的《天朝田亩制度》、康有为的《大同书》到孙中山的三民主义、毛泽东的人民公社，他们的理想国都是一个大同社会，是要在人间建立一个天国，建立一个没有异化和矛盾的社会。而人间是不可能建立天国的，天国永远是人类善良的乌托邦幻想。遗憾的是，中国农民对大同社会的认识与理解恰恰与近代化运动的历史进程相左。他们的政治代表所提出的一次次社会改良方案，不能不被时代的发展所抛弃。过去我们曾经赋予历史许多概念，其实那并非是历史发展本身。农民阶级不代表历史发展的方向，农民革命及其对江山社稷的眷恋，只能成为中国近代化运动的巨大阻力。长期以来，我们在有些方面走向近代化的同时，却又在另一些方面以抗拒西化为理由抵制着近代化。

在中国近代化运动的过程中，有一个必须解决的问题是如何对待自己的传统文化。世界上任何一个民族都有自己的文化传统，因为有文化就会有传统，文化的积累就是传统。传统支配人们的习惯，使人不假思索。正如每个人都会有些无意识的行动一样，整个民族的集体无意识行动就是传统。它构成一个民族文化的核心力量，会始终贯彻在民族的观念和行为之中而成为一种习惯。由此说来，文化传统实际上根本不存在什么继承不继承的问题。问题的关键不在于继承或发扬什么东西，而是要解决文化传统与现代化的关系，这就是我们今天所说的，什么是中国特色的问题。

五四以来，我们在批判传统文化的同时接受西方的观念。在舍弃自己本民族文化的同时，加入了西方文化内部不同派别的征战。一个世纪对西方真理的捍卫，使我们忽视了对本国传统文化的改造与重建。今天，在经历了各种战争浩劫、意识形态纷争和文化断裂之后，国人忽然感到一种虚妄：100年来的革命和改良，闹了个天翻地覆，毁灭了多少人和物，但是在文化建设上，我们这个偌大的民族，可以贡献给人类文明宝库的东西有什么呢？一个失去了思想文化资源的民族，如何能提炼出自己的民族精神？一个失去民族精神的民族，又如何能在世界民族之林得以站立？站在世纪末的门槛，望着商品大潮中喧嚣的人世，不免令人感到一股逼人的寒气袭来！

今天，漂浮于商品大潮中的人们多患有一种现代病。他们焦虑、压抑、躁动、狂想、郁郁寡欢或对任何事物都失去兴趣，这不是世俗欢乐所能治愈的。富裕者的不幸福感并非是因为缺少金钱，而恰恰是因为他们的精神生活中失去了支点。因此，对普遍意义的寻求，绝不是知识分子的没事找事。中国人需要有一种合乎现代生活的文化精神，但什么才是我们所需要的这种精神呢？

这是每一个中国人都必须思考的问题。精神资源虽然可以从外面汲取，但只有在与自己的文化生命融合为一体时才会真正发挥力量。文化的移植只能就个别因子而言，不可能全面取代。所以，我们必须重视自己文化传统的改造与弘扬。中国需要适合近代化精神的人文传统，这是我们从世俗功利观念中超拔出来的唯一希望。

恩格斯说："一个民族想要站在科学的最高峰，就一刻也不能没有理论思维。"目前，我国正在进行的经济体制改革，是在缺乏一定的理论准备和心理准备的前提下发生的，因此，只能走一步看一步，这是迫不得已的现实。但是，我们不能因此而忽视理论和思维方式，即整个文化背景在改革过程中的重要作用。我们在向市场经济转轨的同时，上层建筑的保护带必须做相应的调整，不然的话，这种转型要么不能顺利完成，要么得到的并非是我们所期望的东西。

中国人的思想与文化

编者按：此文为刘申宁教授于2009年在深圳宝安图书馆所作的一次演讲。文后附与听众交流内容。

今天给大家讲的题目是“中国人的思想和文化”。我在宝安讲过很多次课，有很多老朋友，而且有神交已久的朋友。今天我只想和老朋友及在座的各位做一个对话，谈一些我的想法和看法，最后希望和大家做一些互动交流。

“思想与文化”是个历久弥新的题目，很多人都会讲，很多人都能讲，所以应该也不难讲。但是，恰恰因为很多人都能讲，讲好它、讲出新意来就不容易了。今天我战战兢兢地来了，希望大家批评指正。

今天跟大家谈几个问题：第一，谈谈对当前国学热的看法。第二，想谈谈中国的文化与传统。第三，讲一下中国文化的解构与重建。

一、对当前国学热的看法

大家知道，国学热的兴起，和美国奥连战略研究所亨廷顿的理论有很大关系。亨廷顿给国务院写了一个报告，讲的是现代文明秩序，他提出了一整套的理论，说整个世界从冷战状态中走出来，然后进入了一个新的文明冲突中，这个文明的冲突是他提出来的一个很重要的理论，已经十多年了。

我国很多学者在20世纪90年代后期，系统地批判过亨廷顿的理论。但我们没有拿出新的理论来，所以批判最终显得没有多大力度。亨廷顿的理论，站在美国人的角度来讲，有道理，和美国的外交政策有着密切的关系。

亨廷顿的理论非常简单：苏美这两个超级大国的争夺结束了，因为苏联解体，东欧剧变，这个大的社会主义阵营集团破灭了、倒闭了、崩溃了、完蛋了，现在只有美国一个世界强国了，本来应该可以天下太平了，但是天下不会太平，为什么？因为很多文明在发生冲突。

多年前，在我读大学的时候，读过英国历史学家汤因比的书，他说整个世界从远古走过来，一共产生二十四个文明，随着历史的不断变化，以及战争等各种因素，今天留存下来的有六个文明，这六个文明是以宗教和文化来区隔的，这就是基督教的文明、伊斯兰教的文明、佛教的文明、印度教的文明、东正教的文明，还有中国的儒家文化，其他五个全是宗教，只有中国是一种文化。

亨廷顿认为，这六个文明现在发生严重的冲突，这个冲突主要表现在基督教和伊斯兰教的冲突上。伊斯兰的边界燃烧着战火，流淌着鲜血，伊斯兰的西北边和基督教在打，伊斯兰的东北边和东正教发生着冲突，东边和印度教发生着冲突。整个世界都处于矛盾和斗争当中，这是什么原因造成的？他说是文明之间的矛盾与冲突造成的。穆斯林信仰的伊斯兰教和基督徒、东正教及其他宗教都不相融合，所以战争从十字军东征打到现在一直没有停歇。

亨廷顿的理论最重要的一个点，就是把过去社会主义和资本主义这两个矛盾，从意识形态的斗争中跳出来，跳到文明的概念上。他说过去意识形态的矛盾和冲突，说到底，是西方社会内部的事情。马克思主义、社会主义是西方人发明的，马克思是犹太人，资本主义也是西方人发明的。过去的意识形态的斗争，是家里面两口子打来打去，是西方人内部的矛盾和斗争；现在不同了，现在是非西方世界和西方世界的矛盾和斗争。因为穆斯林不属于西方世界，斗争的范围跳出了西方世界。

从斗争的内涵来讲，过去意识形态的斗争，说到底是立场的问题，你可以站过去，也可以站过来，你有选择的自由。有的人从社会主义跑到资本主义，叫投奔自由；有的人从资本主义阵营到社会主义阵营，叫弃暗投明。有点像海峡两岸的飞行员跑来跑去一样，现在也不好跑了。而今天一讲文明冲突，是问你是谁。你没有选择的自由，你是穆斯林是基督徒，还是佛教徒，你不可以选择，你是什么就是什么。你说我是穆斯林想娶一个基督徒，基督徒他不要你，他说你是异教徒；基督徒想嫁给佛教徒，佛教徒也不要她。基督教和伊斯兰教之间的宗教信仰的区隔已经比意识形态的区隔来得更加严酷，更加严厉，而且不能改变，不可选择。亨廷顿认为，21世纪将是文明冲突的世纪。意识形态的冲突可以用革命来解决，而文明的冲突，革命也解决不了。究竟怎么解决，目前难度很大。

亨廷顿这些理论，我认为有他的道理。我讲到此为止，应该说他对整个世界大框的分析，是站在了很高的起点上，来俯瞰整个世界，以及整个世界发展的潮流。但是他有一个结论让人讨厌，他说这六个文明中，唯独和穆斯林保持友好关系的，就是中国的儒家文化。中国的儒家文化是和穆斯林做好朋友的，所以我们支持阿拉伯世界的人民解放斗争，毛主席在的时候就这样，我们一直支持到现在，美国中央情报局也拿出情报说，两伊战争的时候，中国卖给伊朗92枚导弹，这是中国对穆斯林示好的重要表现。

这个结论带来很重要的后果：原来中国是美国的敌人，苏联的朋友，我们和苏联是一伙的，跟美国对着干，今天我们变成了美国及整个西方世界的敌人，穆斯林的朋友。所以中国老是做西方的敌人的朋友，所以西方世界总对中国采取制裁措施，用“301条款”对付我们。美国这些年，先在阿富汗、伊拉克，下一步要搞伊朗，再下一步在朝鲜，折腾来折腾去，所有的战争都围绕着中国周边的地区开展，紧张局势总包围着中国，这和亨廷顿的判断有很大的关系。

美国有一个理论：我们的边界在哪里？美国的边疆在哪里？在利益的边缘。美国的利益在中东，美国的边疆就在中东，这个理论叫“高边疆理论”。国内对此进行批判很正常，但是你光批判人家，自己拿不出来一套对整个世界解释的、一个强有力的代表我们文化的大的理论架构来，那我们的批判就是软弱的，这需要整个国家在思想理论方面，做更大的努力。

中东人萨义德写了一本书叫《东方主义》，他强调了穆斯林的力量，代表整个东方世界对西方世界理论提出了挑战。在这些斗争、交锋中，整个中国的文化在慢慢地复苏，在复苏的时候，新的理论没有产生，就让过去老的理论苏醒过来，作为和西方世界、和美国对话的工具。国学就在这样的背景下开始复苏，开始热起来。

当然在这之前，香港有一些学者，比如说像钱穆、牟宗三、唐君毅等人已经在宣传中国的儒家文化，而且他们是用西方的所谓科学的方法来研究、弘扬儒家文化、儒学，是一种新的宣传方法。

我们深圳出了一个学者，他叫蒋庆，我们曾在一起工作，两人关系特别好，我经常到他家里聊天、蹭饭、辩论。我们讨论过很多问题，比如康有为的问题、梁启超的问题，有很多争论，我也不太认同蒋庆的看法，但是我尊重蒋庆对中国文化所花的功夫。

《人民日报》编辑凌志军写了一本书叫《呼喊》。在这本书里，他说中国现在有五种声音，有资本主义的、社会主义的、马克思主义的、自由主义的、封建主义的。蒋庆是封建主义声音的代表人，人家说深圳是文化沙漠，五种声音却有一种声音出自深圳，这是深圳了不起的事情，当然声音不太好听，是封建的声音。

蒋庆第一本在国内引起关注的书是《公羊学引论》。在这本书中，他对过去很受关注的公羊学做了学术的串讲。第二本书，叫《政治儒学》，实际上是他个人对儒家文化的一种阐释，是代表他个人的一种主张和理念，北京三联书店出版，正是这本书，奠定了蒋庆在儒学方面的地位。

蒋庆退休后去了贵州，定居在贵州贵阳城外一个山上，很偏僻的地方，他老是叫我去，我到现在都没有去。我想："天将降大任于斯人也，必先苦其心志，劳其筋骨。"蒋庆就属于这样，我对他说要好好地修身养性，再活几十年，大概就是王阳明之后，五百年必有王者兴。也有些人不管山高水远，跑到那里看蒋庆，听他讲学，跟他聊天，包括日本著名的儒学家稻盛和夫、北京著名经济学家盛洪等人。

国学慢慢兴起了，现在中国的国学分为三大流派，一种是唐君毅、牟宗三、钱穆这一派，是用西方科学的方法，来弘扬儒学，这一派叫新儒家，它是要用现代的方法去解释过去的理论，我们说是"用新瓶装老酒"。

还有一种是用马克思主义的方法，来研究过去的传统文化，批判传统文化。这是从"五四"以来一直坚持到今天，所谓正统的马克思主义的思想家，像方励之这些人。

蒋庆属于第三类，另类。我对他讲："你这个儒学的研究，和牟宗三是完全不一样的，你不是新儒家。"他说："对，我是老儒家，我就是从王阳明那里来，我发扬光大，我就是用中国传统的办法去研究儒家文化，我就要继承王阳明的遗志，为往圣继绝学。"

在香港开国际儒学大会的时候，100多人的大堂里，全部都是西装革履，唯独蒋庆穿着大对襟的传统衣服，这不是唐装，唐装是现在改良的传统服装，过去不是的。他叫他岳母专门给他做的传统衣服，结果被全场的学者认为是一个怪物。现在蒋庆在贵州山里面搞了一小块地，种点菜，弘扬儒学，学在民间。但是究竟把儒学弘扬到什么程度？那是一个大大的问号。

最近蒋庆挨骂了，国内许多人大骂他，什么原因？就是蒋庆提出一个主张，他说中国应把儒家文化变成一个宗教，变成儒教。为什么要这样讲？我觉得他是一种机会主义的思考。因为：

第一，中国的宗教信仰是自由的，宗教信仰是受保护的，而儒家传统文化不受保护，但若成为宗教，就可以获得宪法的保护。

第二，如果把儒家文化变成宗教，各地都有孔庙，这个庙产应该收回，这样就有很大一块财产，可以支撑儒家文化的研究。

愿望相当之好，结果遭到了很多人的批判。批判宗教、坚持科学的人认为中国现在这么多宗教了，还要再搞一个宗教？今年冬天我见到他的时候，对他说算了，不要搞那个东西，你有生之年建不起这个教，你不是摩西，也不是带领所有中国儒教徒走向西方的那个跳板。

但是我想跟大家说一点，中国文化之所以在今天这么复杂的情况下，能够苏醒过来，在5000年的历史进程中，扮演过非常重要的角色，说明它是有生命力的。试想一下，“五四”运动，把中国的传统全都丢到垃圾箱里去了，不管里头有没有合理的成分，一气之下全部倒掉，像倒洗澡水，连洗澡的孩子都一起泼掉了。

100年来，我们投到苏联的怀抱，我们拥护苏维埃，我们坚持马克思主义走到今天。但是我们脑子里究竟有多少马克思的东西？马克思文化真正进入我们的灵魂，进入我们的民族精神了吗？究竟有多少呢？中国文化在经历了100年的冲刷、批判、打倒后，今天依然没倒。为什么？因为文化是生长在我们血液当中的东西。国学热便是在这样的背景下产生的，我们要和整个世界的文明冲突进行对话，中国的文化自有它的生命力所在。

十七大中，胡锦涛同志提了一个非常重要的论点，他说我们要重视中华文化。作为中国共产党的领导人，从1921年建党一直到今天，直到十七大，我们才开始提出来要关注中华文化，而在这之前全都是批判传统文化，包括毛泽东时代，尽管他老人家是传统文化的热烈拥护者，但是他也批判。胡锦涛同志能提出重视传统文化，这是相当了不起的突破。

胡锦涛不仅提出了要重视中华文化，而且提出了要把文化看作一个软实力来进行关注，这是从战略的角度来认识中国的传统文化。应该说，在我们党八九十年的历史当中，第一次把中国文化提到这么高的地位，不讲新儒家，也不讲老儒家，也不讲马克思主义对传统文化的认识和理解，这达到了一个新的高度。

这些年来我们都是怎么做的？各级政府提的口号是什么？叫文化搭台，经济唱戏。经济是产生钱的，钱可以跑到文化上面，让它乱蹦乱跳，文化只能被踩在脚底下，让经济踩上去，这是我们改革30年的一个口号，这个口号姑且不讲对错，不讲它的荒唐与否，就可以看出我们对文化的态度和认识。

今天胡锦涛把文化提到如此高度，说文化是软实力。什么是软实力？国防、原子弹、航母、潜艇是硬实力，文化是软实力，软实力和硬实力相比，软实力比硬实力更重要，这是一个相当了不起的认识，一个相当重要的认识。这不是空话，世界上最强大的是文化，而不是飞机、坦克、大炮。

世界上最强大的国家是美国，他可以利用精确制导的导弹，利用GPS，准确到炸你这条腿，炸不到你另一条腿。为什么南斯拉夫的使馆被美国炸了？他认为米洛舍维奇跑到你的使馆，所以就把你的使馆炸掉。美国抓不到拉登，如果找到他的痕迹，马上可以用精确制导导弹干掉他。美国可以说武装到了牙齿，而且牙齿都已经纳米化了，这就是今天的局面。但是，美国现在正在打一场艰难的战争，就是反恐战争。

那些穆斯林，他们没有别的只有一腔热血，一个火热的躯体。他在和武装到牙齿的美国人较量，和他们同归于尽，我们叫人肉炸弹。“人肉炸弹”是中国人从日本人那里学来的。1905年，吴樾抱着个大炸弹去炸清朝出国考察五大臣，血肉横飞，穆斯林现在用它对付美国人。“人肉炸弹”不是乱来的，是有组织的、有登记的，今天是你，明天是他，要排队的，现在已经排到2022年了，美国人能不害怕吗？这也是一种文化，是一种信仰的较量，而不是武器的较量。这种信仰、这种气势已经造成了美国的巨大恐慌。法航出事了，也在担心是不是穆斯林搞的，所有的问题都往这上面想。“9·11”就是对美国最大的打击，“9·11”是历史的分界线，说明了美国从不可一世的第一帝国跌落下来，永远地跌落下来。穆斯林真是非常了不起，他靠信仰和美国人战斗，他没有武器，就是一个炸弹，身上捆满了炸弹，和你同归于尽，你是块石头，我就是个鸡蛋，老子撞你一身黄，这就是软实力，这就是文化，信仰的坚定，理念的坚定，可以对付所有的高科技、高技术。

现代国学之所以产生这样的热情，已让美国人感到震惊，他们觉得中国这条巨龙如果苏醒，将是很麻烦的事情。1821年拿破仑在圣赫勒拿岛上，有人去访问他，拿破仑说："世界上最大的危险，就是中国这头巨狮一旦醒来，我们全完。"拿破仑做了预言，两百年过去了，快到了。国学振兴，是中国人用自己几千年来的文化正在统一这个民族的思想显现，来回应塞缪尔·亨廷顿提出的文明冲突的理论。

所以，对现在很多人对国学热的打击，我持不同的看法。一个国家13亿人，多几个思想、多几个想法、多几个说法有什么不可以？为什么非要统一思想？为什么都要和你保持一致呢？保持一致就好吗？纳粹的时候思想倒非常一致，结果呢？一个国家、一个民族有些不同的认识、不同的见解，本来是非常正常的。我可以相信马克思主义，我也可以去相信中国的儒家文化；你可以信仰这个，你也可以信仰别的东西。信仰和理念是一个民族生存的一个最基本的因素。

什么叫信仰？信仰就是对神的敬仰，对神的永远的虔诚。今天说信仰，已将它宽泛了。过去讲信仰，只指宗教的信仰，只有宗教才会产生信仰。但是现在把信仰的概念，从宗教当中移植出来，比如你对马克思主义可以说是信仰，你对社会主义可以说是信仰。

在这个世界上，能够和神、和信仰对话的东西是什么？是思想。思想是离神最近的东西，你如果有了信仰，你可以按自己的信仰去生活，这是一个人对整个世界的精神消费。你也可以用你的思想来控制你所有的言行，使你大脑中不存在信仰，而存在思想，这样来消费自己的精神生活。所以中西方的情况是不一样的，我们不能要求每一个人都有相同的信仰。

不过，我认为宗教信仰有两个缺点：

1. 忽视现实世界。他把所有的努力都寄托在未来，都寄托在彼岸，什么叫彼岸？彼岸就是河对面，河的那边，是因为你永远到不了河的那边，所以叫彼岸，你要能到了那边，那边就变成此岸了，这边就变成彼岸了。所以彼岸的意思，是指河的那边，同时告诉你彼岸的世界是最好的，你现在所有受的苦，都是为了将来到彼岸去过一个好日子。这是把今天的现实世界忽视了，把注意力引向不可实现的彼岸世界，这是宗教的一个缺点。

2. 宗教和科学冲突。基督教认为有一个上帝。而现代科学，从达尔文进化论后，已经没有上帝了，科学证实了上帝的不存在，但是基督教依然作为一个精神生活的家园，仍然在西方社会占有主导地位，所以我们说信仰可以脱离科学而存在，科学证明了没有的事情，你照样可以信仰。

进入现今时代后，大家都在讲科学，而信仰、理念和科学是完全不同的两码事。其实“五四”那一批年轻人，在当时并没有分清楚这个东西，“五四”时期的很多人认为中国最需要两个神：一个就是科学，一个就是民主，这两个神到了中国，就可以拯救中国。我们把科学抬得太高了，把重要性看得太高了，其实科学不能解决中国的根本问题。大家想一想，今天的科学，可以造就出像人一样灵巧的机器，但是同时也造就了像机器一样无情的人。我家对门住着什么人，我全然不知。过去我们哪有这样的情况？一个村子，大家都很熟，谁家床朝哪，床底有什么东西，全清楚。20世纪80年代，我到农村去，和他们聊天，我问他们谁喜欢玩古董，就马上有人告诉我谁家老头腰上扎一个什么东西，谁家小孩脖子上有什么东西，全都清楚。而今天，住在一个楼道里，连对门是什么人都不清楚，这就是科学给我们今天带来的问题。社会阻隔越来越多，而不是融合越来越多，所以说科学是解决不了人生价值问题的，科学不可能带来整个社会的日益和谐。科学发明了原子弹，现在金正日像个老顽童一样，搞两回核试验，美国人越是着急，他越弄，放一个导弹，再放一个导弹，纯是逗着你玩。科学解决不了信仰问题，也解决不了人生价值、观念问题，这要靠信仰、理念才能根本解决。

国学热在今天复兴，重大背景是我们这个民族要找回自己曾经丢失的灵魂，找回曾经在我们脑海中渐行渐远的魂，它便是在这样的背景下产生的。所以我们说国学热是一种招魂，这个魂能不能招得来呢？我们怎样用现在的观点对它进行改造，来融入今天的传统当中，这是一个很大的命题。国家应该拿出钱来，动员所有力量，为国家和民族的振兴培植出我们的软实力。至少有些信仰，有点理念。如果我们大脑里全是装着对金钱和权力的崇拜，这将是什么样的社会呢？大家能过好吗？

国学热便是在这样的背景下出现的，我们要给予它正确认识，简单地批判或者盲目地扶持都不能解决问题。

二、中国的文化与传统

一个民族的文化，是潜藏在这个民族的血液里面的。打个比方说，人有时候会有一种潜意识，我们也叫做下意识，没有经过脑子思索便做出了这个动作，这就是下意识。一个人的下意识，我们叫做下意识，而一个民族的整体下意识就是传统，这个传统来源于我们的文化，这个东西是不可能被清除掉的，你要清除一个民族的传统文化，唯一的办法，就是把这个民族整个铲掉。像纳粹，想消灭犹太人，就杀了几百万犹太人，只有把犹太人消灭，才能消灭犹太人的思想。这是我对传统文化的一种认识。

中国的文化是什么呢?

现在的中国人能够把中国文化讲清的，已经寥寥无几。问题在哪里?就是在1919年，“五四”运动以后，我们彻底地批判了传统文化，全面地拥抱了西方。中国人在19世纪到20世纪之间的70年时间里，思想认识发生了重大改变。

林则徐、魏源的时候，提出“师夷长技以制夷”，“夷”是洋人，“师夷”是拜洋人为师，“长技”是他有什么本事，有什么能耐，学习洋人的长处，拜他为师，来对付洋人，这是林则徐的讲法，林则徐和魏源的口号，有人说这是19世纪响彻云霄的一个口号。我却觉得不那么响亮，为什么?因为当时中国人以为自己是老大，看不起洋人，但是林则徐提出来要向洋人学习，师夷长技，虚心向敌人学习，为的是对付敌人。这句话是站在中国文化的本位立场上，来排斥、对付西方文化。

又过了40年，张之洞提出一个口号，叫“中学为体，西学为用”。中国的学问是我的本体，西学是一个方法，可以为我所用，把本体论和方法论并列起来，西方文化是工具，谁也不要取代谁。四十年，发生90度的转变，原来是排斥、对付，现在谁都不再对付谁，肩膀一般齐。又过三十年，“五四”运动，胡适提出全盘西化，打倒孔老二，批判中国传统文化，全面地拥抱德先生和赛先生，拥抱科学民主，要用西方的科学改变中国文化，这是和林则徐的“师夷长技以制夷”对着干的。林则徐是站在中国传统文化的本位来对付西方文化，而胡适、陈独秀提出的“五四”新文化，是要用西方的文化来改造中国传统文化，这是180度的转变。在不到70年的时间里，发生这么大的转变，在整个人类历史上也是非常罕见的一件事情，中国社会趋新思潮发生了质的变化。

为什么中国文化离我们渐行渐远？因为我们在追随西方人的时候，把自己的东西丢了。过去有个成语叫“邯郸学步”，意思是到邯郸看人家走路漂亮，学人家走，走到最后，不会走了，爬着回来了。20世纪的中国，实际上就是这种迷迷瞪瞪的状态，我们跟着我们的老师苏联走了一个世纪，结果老师把我们学生甩了，他不搞马克思主义了，我们怎么办？他不干了，我们还得往前干，怎么干？没有办法，小平提出来走中国特色的社会主义，走自己的路。

我曾到中央党校请教“什么是中国特色的社会主义”？得到的答案就是指中国自己的。中国自己的是什么？那就是“中国特色”。听完这样的话，大家能理解什么叫“中国特色”吗？我们能知道中国自己有什么吗？说实在，“中国特色”的问题，我们走到今天，谁也说不清楚究竟是什么。

中国的文化就处于这样一个状态，没有全部地苏醒过来，只是朦朦胧胧地在我们生活中闪现，有的时候你似乎能感觉它，但是你摸它的时候却又摸不着。就像一只小船在茫茫的大海中，向地平线驶去，你离它越近，它离你越远。

什么是中国特色？什么是中国文化？其实中国文化说到底，是由两部分组成的：一部分是它的精神，它的价值理念；一部分是它的操作系统，这两个部分构成了中国文化雄伟的大殿。我认为最重要的是它的精神和价值，我给大家讲三点：

第一，以仁为本的价值体系。仁义的“仁”，我们现在把这个词改了，“以仁为本”是古代的，“以人为本”是今天的，这两个概念，一字之差，读音一样，写法不同，有根本区别。“人”是生物体，以人的肉体为本。“仁”是什么？是一种理念。这个“仁”不讲肉体，是讲一个人的精神和价值，古人是“以仁为本”的价值体系。

讲到这里，我给大家说一个我亲身遇到的事情。那一年，江泽民同志提出一个理论，叫“以德治国”，像“八荣八耻”一样，都是大家非常熟悉的。“以德治国”的理论提出来之后，党校组织学习，我当时一下子就懵了，因为我们所有的报刊讲“以德治国”的时候，讲到这个“德”，指“道德”，诸如五讲四美三热爱，见老人要让座，见儿童要关爱，等等。“以德治国”成为以道德治国了。我当时觉得这怎么也讲不通。用严苛刚硬的法都不能治理国家，用这么软的德能治理国家吗？有人说一手软，一手硬，我就更加搞不清楚了。后来我去查资料，发现“德”给弄错了，这个“德”不是道德的“德”，古人讲以德治国，是孟子讲的这个“德”，是天理。这个“德”是周公最早提出来的。人间和宇宙，用的是一个道理，这个道理是从天上来的。

什么叫天理？它是指和所有利益摆脱了干系，不讲利益的这种道理就叫天理。而我们现在的道理都和利益挂钩了，有了钱就能说通这个理，没有钱就说不通这个理，这个理就不是天理！天理是摆脱了利益关系、由天而来的道理，用今天的话讲，也可以叫真理。周公提出的“德”，是天和人之间怎么互相感应，就是靠天理来感应人和人之间的关系。天地人如何打通？就靠天理。

周公讲“德”，老子讲“道”，这个道是实现天理的路径，道是一种方法、一个路径。孔子讲“仁”，以仁为本，“仁”是实现天理所要达到的境界。到了孟子的时候，就讲“义”，指一个人怎么处理人和人之间的关系，要讲义，一个人没有义气，就全完了。所以周公讲“德”、老子讲“道”、孔子讲“仁”、孟子讲“义”，其实讲的都是如何处理社会人际关系，都提出了一个对的标本、一个正确标准、一个标准答案。

“天理”都有一种理念，古人就用这个理念来治理国家，使大家都遵从它，治理国家就很省心了。周公讲的“德”，这个“德”就是指“天理”，不仅仅是我们理解的“道德”。

中国“以仁为本”的价值体系，要求每一个人要对自己的内心进行修炼，要对所有人，以博大的爱的精神来处理人和人之间的关系，达到这种境界。古人提出来要“内圣外王”，“内圣”就是把自己修炼得像圣人一样，“外王”就是教化社会，以你的榜样带动社会，修好了，才能实现“仁”，才能实现仁道，这就是“内圣外王”，这是古人达到的最高境界。

古人对汉字很有讲究，而且对每一笔画都非常明白。比如说“王”字，三横一竖为王，为什么这么写？董仲舒训诂“王”字时说：三横一竖，三横者，天地人也，中间一横代表人，那一竖代表参通天地人为王，靠什么来参通天地人？就是靠天理，靠“仁”。董仲舒解释这个字形为什么这样写，就是要参透人，打通天地人才能成王，这个人也就是“内圣”了，内圣才能外王。

汉代的大儒许慎解释，“王”字为什么读这个音，不读其他的音？王者，天底归王也，天底下的人信服你，都跟着你，自然就称王了，“王”字从读音到字形，古人都是有严格考据的。所以说“以仁为本”的精神、价值体系，最早从每一个字开始，一点点积累，从周公开始一直积淀到现在，三千年，这是博大精深的价值体系，这也是中国人的文化。

中国的先贤古人都说：“修身、齐家、治国、平天下。”即先从自己开始修起，修好自身，把家管好，然后再治国，管好国家，才能平天下，天下才能是你的。宋朝人张载说：“为天地立心，为生民立命，为往圣继绝学，为天下开太平。”这是所有读书人一生的追求，这些都是以“仁”为本开出来的思想之花，中国人在这种精神的感召下，以这种价值作为自己的生存理念，一直延续到今天。

第二，中国人相信的宇宙观是天人合一。古人这样认为，天地人是一码事，都是连在一起的，不能分离。古人认为这中间最大的元素，就是“气”，比如你身体不舒服了，去看中医，中医给你把把脉，开一个方子，通常都有人参、黄芪，这是干什么用的？给你补气。

中国人认为，“气”是很小的分子，人是受两股气影响的，一股气来自天上，一股气从地上升起来，天上的气和地上的气一结合，就形成了人，天上这股气叫魂，地下这股气叫魄，魂魄一结合，人就产生了，地下的魄产生人的肉体，天上的魂产生人的精神，所以人死了以后，躯体埋在地下，魄回到地底去了，魂升天了，所以魂魄是可以分离了。魂魄一合，人就生了，魂魄一分开，人就死了。古人讲魂魄，说“丧魂落魄”，魂也没了，魄也没了，就死了。古人把“天人合一”的概念讲得非常清楚。

如果有机会，大家去看马王堆老太婆出土的时候，盖在她身上有一面帛画，头上是横的，方的，下面是长的，这个帛画就是解释这个概念，画的是天上一股气出来，地下一股气，中间老太婆活了，地下一群小鬼。它以一种非常形象的手法阐释了中国天人合一的理念。你身上有上苍的气体，你也要有大地的气体，从而形成了“人”，人是天地之交合产生的结晶，这种宇宙观是非常朴素的，也是非常可贵的。在这一点上中国人完全不像西方人说的是上帝创造了人，中国人不这么看的。为什么中国人说二十年后又是一条好汉？因为我魂魄可以分离，我死了过两天又聚合了，又出来了，这便是中国人的宇宙观。

第三，中国人的人生观是“三不朽”。大家知道，在哲学上有一个最重要的命题，就是怎么看待生和死？所有人都不可避免地要接触这个命题。所谓“生”，实际上就是怎样看“我”，我会怎么样，因为生就是你，你就要考虑你的命运、你的境遇、你的处境，“生”的命题的价值在于“我”，而“死”的命题价值是看待你的根本价值。

世界上所有人可能都不想死。秦始皇做长生不老药，世界各国都在想办法怎么能够不死。西方人想来想去，将所谓的不死，造出了一个“彼岸世界”。比如你要死了，实际上灵魂是到了河的那边，到了彼岸了，到那边继续活着。那个彼岸是你的肉体过不去的，你的精神、你的灵魂是可以过去的，那个叫彼岸世界。所以你干了好事，到那边上天堂，你干了坏事，要下地狱，在彼岸世界受到报应。中国人不是用“彼岸世界”来解决死的问题，中国人认为“不死”就是活着，怎么活着？活着的办法有很多，我的人活着，我的精神活着，都是活着。所以中国人提出了“三不朽”，就是“立德、立功、立言”，立德就是做人，立功就是干事，立言就是著书立说，这三者都可以称之为“不朽”。

立功和立言都是有条件的。你想写书，不认字怎么写？你想立功，也不能没有条件。唯有做人是无条件的，是任何人都可以做的，但是正因为是任何人都可以做，也就特别难。做了一辈子好事，最后一件事做瞎了，就不是完人，不是圣人。

“三不朽”的人生观就是如何看待死。在这个问题上，佛家和儒家的看法是不一样的。佛家讲空，认为一切都是空的，空是什么呢？空就是逆来顺受，空就是顺应自然。而儒家讲“得”，空就是没了，“得”就是有了，所以儒家和佛家是不同的。儒家讲“得”，即得了人心，得了天理，就是指要争取内心的修炼，实现内圣外王。

其实这里头有一个矛盾，如果说空的本质是顺应自然，既然顺应了自然，实际上就无所谓空了，已经有自然的顺应在里面了，就不空，所以认为空是顺应自然，这个命题本身就有矛盾。在哲学上解释不了空的问题。

中国的这些精神，这些文化，几千年来深深影响着中国人。这么多年来，这些理念是以一种知识分子的方式在中国传承着。中国的读书人，中国的士大夫，把这种理念不断发扬光大，使得中国人能够知道自己的文化凝聚力以及民族感召力在哪里。

三、中国文化的解构与重建

作为这种文化的传承者，这些读书人，他们有一以贯之的信仰和理念，我们称为“道统”，大道、道理，不断贯穿下来的大一统。这种“道统”是知识的传承，是文化的传承，是社会意识形态、文化精神传承的系统。而政治权势这个东西，我们叫做“政统”，它是法律权利、社会运行等政治操作层面的东西，这是两个完全不同的系统，政统是政治运作，道统是精神的、意识形态、文化的传承。文化的传承靠的是知识分子，而政统，政治法律社会的传承靠的是君王。

四、几千年来道统和政统关系的改变

在中国几千年的历史当中，知识分子可以做帝王的老师，所以道统是高于政统的。也就是说，虽然你做了皇帝，整个江山社稷在你手里，但是你不一定掌握了我们中华民族的道，而掌握了道统的知识分子，可以对政统进行影响、进行干预，道统凌驾于政统之上，这是整个中国文化操作系统的一个架构。这个架构到了20世纪，具体地说，到了延安整风之时，被颠倒了、取消了。当时，苏联既要对付德国纳粹，又要对付日本法西斯，所以斯大林希望国民党和共产党联合抗战，中国能把日本拖住，让他可以全面地对付希特勒，所以就把王明这些人从苏联派回中国。

王明到了延安，毛泽东去接他们，还很浪漫地说："感谢共产国际给我们送来天兵天将。"王明一下飞机，就说这山洼里怎么能产生马克思主义？王明瞧不起毛泽东，王明的话，没有我那么直白，但是意思是咄咄逼人的，王明的意思是："你毛泽东没有去过苏联，没有见过斯大林和列宁，你看不懂俄国的书，不会讲俄国的话，你的马克思主义从哪来的？"王明这个挑战的背后，隐藏着一个非常重要的东西：你毛泽东不是一个马克思主义者，你有什么资格做共产党的领袖？这很厉害啊！直接要把毛泽东挑下马，隐藏着很深的玄机。

毛泽东为了对付王明的挑战，他叫他的老师徐特立从湖南长沙给他寄来《船山遗书》。王船山是明朝衡阳人，明朝末年的思想家。他这人比较怪，当时清兵入关，他组织军队对付清兵，被打败了，逃到山里面，永远不出山，不做清朝的亡国奴。他很费解，像钱谦益这些很有名的大文豪都做了清朝的官，他说你们一肚子学问，为什么不精忠报国，反而要做清朝的官？怎么回事？他就天天琢磨这事，他在形而上，在哲学层面解释了这个问题，他提出了一个理论，"知"和"行"的关系。

"知"就是理论，"行"就是实践，理论和实践的关系。他说"行"，实践是第一位的，实践可以改变一个人。钱谦益虽然一肚子学问，但是实践当中他投降了清朝，做了亡国奴，做了清朝的官，在他脑子里，这是小人之所为，士大夫不应该这样干，这就是"行"，行动证明了他不是个君子。

王船山的理论颠覆了孔子的思想。孔子过去讲"惟上智与下愚不移"，你这个人是个上等人，你的聪明和下等人的愚昧是不能改变的，所以君君臣臣、父父子子。王船山说，到了今天，君子不一定是君子，也可能是小人；小人只要他怀着一颗有良知的心，不断地修行，也可以变成君子。把孔子的理念反过来，所以王船山是一个反传统的思想家，他把佛家的禅宗的理念糅到了儒学当中，使儒学开出新的花——心性理学，这是宋明以来很重要的流派，王船山便是当时很重要的代表。

王船山的理论影响了毛泽东，毛泽东也因此明白了。毛泽东在延安窑洞里写"两论"，"实践论"用了一个副标题，"论知和行的关系"，实际上就是把王船山的很多东西弄到他的书里来了。那个时候又没有别的参考资料，大量的东西，就从王船山的书里往下切，所以很多东西变了变样，塞到实践论和矛盾论里头了，读起来会发现这些东西似曾相识。

王船山说，为什么行动是第一位的？因为它不可能含假的成分，而理论是第二位的，因为它可能包含着伪的成分。他举了个很简单的例子，哑巴吃苦瓜，咬了一口，不会说话，他上升不到理论，给你咬一口，你就知道苦不苦，很清楚了，你不用说，我不用告诉你，行动传达的不会错。如果你不是哑巴，咬了一口苦瓜，说味道好极了，那就骗了你，因为你没有实践。知识包含了伪的成分，实践不包含伪的成分，王船山用这个论证他的理论。而毛泽东不说哑巴吃苦瓜，他说“要知道梨子的滋味，要亲口尝一尝”。苦瓜变成梨子，味道好多了，不能说是一种抄袭。毛泽东把王船山的东西借鉴过来，用到他的书里。

毛泽东写这个东西干什么？就是教育全党的所有干部，他要回答大家一个问题，回答王明的挑战。王明看不起毛泽东，这让很多延安的老同志看不惯，说毛泽东这样的秀才都不是马克思主义者，我们是什么？王震已经干到359旅旅长了，斗大的字不认识几个，写自己的名字都写不好。很多工农干部，经过二万五千里长征，文化程度却很低，但是已经是党的高级干部了，他们说毛泽东这样的秀才都不是马克思主义者，我们是什么？我们抛头颅、洒热血，枪林弹雨走到今天，不是马克思主义者，是什么？难道是草寇吗？

毛泽东给大家讲课，说你们都是马克思主义者，因为你们参加了中国革命的实践，实践出真知，真知是感性认识，一个飞跃，变成理性认识，就是马克思主义者，然后用马克思主义指导实践，又是一个飞跃，这是人类认识世界的一个普遍规律，这就是毛泽东的实践论。毛泽东把王船山的东西变成他的一种理论，讲给大家听，毛泽东说他们才不是马克思主义者，他们是什么？是党八股，教条主义，本本主义，没有调查就没有发言权，有人写了好多文章，批判了那些从苏联来的人，全党都拥护毛泽东理论，都认为这才是马克思主义，孤立了王明。一直到了1945年，党的七大把王明势力清除了。

党的七大建立了毛泽东思想，刘少奇在修改的党章报告中，解释了什么叫毛泽东思想。毛泽东思想是用马克思列宁主义的理论和方法，与中国革命的实践相结合的产物，是中国的马克思列宁主义，所以毛泽东思想和马克思主义、列宁主义肩膀一般齐，谁也不能取代谁，这三个是放一块的，少一个都不行。

党的七大确定了毛泽东的领导地位，告诉大家，毛泽东既是中国共产党的领袖，又是马克思主义的理论权威。从毛泽东开始，我们的道统和政统合在一块了，不再分道统和政统，知识分子也不再传承道统了，政治家既兼了政统，又统一了道统。道统和政统的融合，改变了中国几千年道统领导政统的关系。这个关系的改变，带来一个很大的问题，就是作为一个国家的统治者、作为党的领袖，他可能是一个很好的政治家，但未必是一个真正的理论家。党和国家的第一领导人产生的思想，就代表了道统，这个道统和过去一脉相承的理念、文化越来越远，这是在操作层面上，发生重大断裂的一个很大的原因。中国文化的操作系统，发生了重大变化，就是道统和政统的关系发生了重大的融合。

实际上老百姓讲这些理论都是很机会主义的，不是一以贯之的，带有很多现实利益色彩。比如我们讲什么叫“好德”？“好德”就是宁为玉碎，不为瓦全，讲一个人要坚贞。但是同时又说，大丈夫能屈能伸，这是自己打自己嘴巴，一会儿宁为玉碎，不为瓦全，一会儿能屈能伸……政统和道统合一以后，没有一以贯之的理念，所以文化建设现在是很大的命题。

五、20世纪以来中国文化的断裂

文化根本的解构是1905年废除科举，紧接着1911年辛亥革命和1919年的“五四”运动，文化的解构和断裂经历了这几个过程，一步一步走到今天。今天中国文化出现这样一个状态，和我们经历的历史过程是分不开的。“文革”以后，我们已经没有价值理念了，只剩下利益了。一个价值理念不存在的民族，要寻求文化和精神价值，是非常困难的。

我给大家讲一个故事，是从报纸上看到的。记录湖南有一个山区，对外不通公路，山里很穷，大家过了很多年的穷日子，改革开放后，忽如一夜春风来，千树万树梨花开，改革春风一夜间吹绿了这个贫困的小山村，这个小山村很快变富了。大家有了钱，修了通往村外的公路，很多人家里买了车，盖了新的砖瓦房，大家觉得这是奇迹。报社记者就跑去采访，想知道这个小山村怎么致富的？记者到了那里以后才发现了秘密，原来山村上有一条铁路，从这里转过来，又是弯道，又是上坡，火车走到这边很慢。有一天刮大风，大树往一边倒，把车上的东西拨落下来，老百姓一看，灵机一动，便在铁路边上很多树上绑了很多的杆子。火车经过后，就往下拨拉东西，有些身手敏捷的后生学习铁道游击队，跳到车上翻东西，全村老少都上阵，把这些东西拿回去，卖了，就变钱了。这个小山村就这样致富了，靠山吃山，靠水吃水，靠铁路吃铁路。记者采访这个村里42户人家，41户全部盖了砖瓦房，只有村中间有1户人家，还住着原来的破茅草屋，很穷很穷，开门进屋一看，锅只有一半还能用，家里人裤子都是破破烂烂的。记者不解，问你们这家是怎么回事？人家都致富了，盖了砖瓦房，都买了车了，你们家怎么还穷成这个样子，你们怎么这么懒？家里的主人赶快把门关上，跟这个记者说："我们信基督教。"信教的人的灵魂有人管，所以不做违法的事情，这就是信仰的力量。所以说，文化的重建是非常重要的，虽然我们不赞成大家都去信基督教，但是有信仰比没有信仰好，有信仰的人知道哪些事该做，哪些事不该做，而一点信仰理念都没有的人，敢冒天下之大不韪，能做出极其残酷的事情。在深圳我看过一个小女孩，她在东门路的人行天桥上要饭，四个手指头全都烂了，骨头都露出来，很残忍，从那里路过的人，都丢点钱给她。后来过了一段时间，小女孩又去了，手没了，截的一面肉翻着，还在那烂着。又过了一段，她还在，这段手臂没有了，又截了一块去，怎么回事？带着小女孩出来的这个背后的人，极端残暴，就用这种方式来"收拾"人们的怜悯心敛财。不知道这是谁家的孩子竟遭此厄运？有一点人性的人都不会干出这种丧尽天良的事情。这就是我们身边发生的事情。所以我们说没有理念、没有信仰是非常可怕的。

为什么我说中国人必须要有自己的理念，要有自己的文化?人活着不难，但是活得有尊严不容易。什么叫尊严?人要有自己的思想理念才会有尊严，没有思想、没有理念就没有尊严。你可以像狗一样活着，如果你有了自己的思想理念，你有了自己的价值理念，你可以不做你不应该做的事情。但是没有理念的人，是什么都可以做的，这是可怕的。这么多年来，我们很少去研究自己这个民族的文化，很少去发扬这个民族最宝贵的东西，造就了我们这个民族整个思想文化的大滑坡，才会出现现在那么多不可思议的事情。

目前中国人心中的文化是什么?我认为目前中国人对人格的理解，就是三个东西：第一个是自我，第二个是血缘，第三个是面子。自我就是自己，我干多少，我能得什么。血缘就是我这个裙带，我这个家庭，我能捞多少。第三个是面子，面子就是与整个社会交往的一个凭证。我们把这些东西糅在一起，变成了一个人的人格。

六、当代教育与文化的脱节，兼谈依法治国

这些年，我们说马克思主义的教育不成功在哪里?不成功在于其教育和我们的文化脱节了。你可以按照马克思主义所设想的去构思这个社会的蓝图，但是这个社会未必按你的蓝图去发展。这就好比说，现在猪流感也好，H1N1也好，都是书上没有的东西。医生可以按照书去治病，但是病人不是按照医书去生病的。中国文化现在就遇到这个问题，如何往前走?这是个大问题。

我举个例子，我们这么多年都在讲依法治国。这里有两个概念，法制和法治，我要给大家说清楚这两个概念的区别是什么。法制，制度的“制”，法治，治理的“治”，这是两个完全不同的概念，我们现在经常将两者混用。

西方社会是法制社会，法制社会的特点是什么？西方人认为权力这个东西是恶的，要用法来制约它，这个“制”不是制度的意思，是制约的意思，是用法来制约权力，所以西方的法制是对上的，是对权力的，是人民用法来制约权力，叫法制社会。我们中国人是用法来治理，是治理百姓的，是上对下的，上和下是很重要的区别。西方人的法制，与中国人的法治，就是完全不同的。我们用法来治全国的老百姓。法制的天敌是专制，最好的专制的手段是用严刑酷法来治理百姓，“治国”和“制约”是完全不同的一回事，中国怎么能够成为一个法制的社会，用法来约束权力，让权力为百姓服务，这才是真正的依法治国，什么时候能把治理的“治”改成法制的“制”，中国就有希望了。目前，从体制上，我们还没有建立一个用法来“制约权力”的架构。

我听来一个故事，说一个中国人在上海开了个小饭店，挣了一点钱，移民到了美国，到了美国还重操旧业，开了一个馆子，没两天就惹上一个官司，仗着有钱，财大气粗，找了一个有名的洋人律师，说你负责把这个官司给我打赢，需要多少钱，打个招呼就行，多牛啊！中国的大款都有这个态势。律师跟他说：“这个官司能不能打赢，不是我说了算，是法院说了算，是法官说了算，我可以尽我的力量帮你打，但我不能保证给你打赢。”中国这个老兄不服气，“傻瓜，我告诉你，你聪明一点，问问判我们案子的法官家住哪里，去走一走，你需要钱，你说嘛，我也不是不给你钱。”律师一听要给法官送钱，说：“你千万使不得，这样一弄，我们该赢的也必输无疑，贿赂法官已经犯法了，还打赢官司？不可能。”这位老兄说：“算了，你去吧。”过一段时间，法院通知那个律师，说官司赢了，让他赶快来办手续。律师傻了：“我还没出庭，我怎么就赢了？”律师不解，马上问那个当事人，跟他说：“我们赢了。”那个当事人说：“我告诉你吧，我就知道会赢。”“怎么会赢？”“你笨蛋，不会办，我给那个法官送了钱。”律师说：“不可能，你要给法官送钱，我们肯定输定了。”他说：“你真是不合格，你不能当律师。”然后那位老兄说：“我给法官送了钱，确实送了钱，给他汇了钱，但是我是以对方的名义寄的。”中国人绝对有这种智慧，为了达到目的可以不择手段，但是这绝对不是法制的观念。

依法治国，不是我们随便说说的，它要从每一件小事开始做起。正如一个国家的思想和文化，它得从根基上一点点培养。如果根基上长的全是坏芽，你指望能长出什么好树来？中国面临一个重大的转折，在经济上，现在已经成了世界第三大经济力量，再过三四年，我们会超过日本，成为第二大经济大国。但是思想上、文化上，我们还是矮子，是侏儒，100年来中国拥抱的是西方文化，现在西方不睬我们，中国传统文化又被我们丢了，我们徘徊在西方文化和中国文化的边缘，我们是被两个文化都抛弃的一个民族，很可悲的。所以重视民族的文化建设，是我们当前的一大重任。

什么是真正的知识分子?

大家想一想，一个没有文化资源的民族，靠什么来提炼自己的民族精神? 一个没有民族精神的民族，靠什么在世界的文明之林站立? 站不起来，就是一个泥腿巨人。我们现在讲知识就是金钱，知识就是力量，其实包括说这些话的人，都未必真正有知识。能认字、看报纸，并不能算是知识分子，不能算读书人。

“知识”这两个字是两种境界:“知”是知晓、知道，“识”是见识、见解，“知”和“识”是两个完全不同的东西。“知”是你知道这个东西，“识”是你对这个问题的看法，“知”和“识”合起来，即要知道，还要有看法，这就是知识。没有看法、没有思想能叫有知识吗?

前一段时间大家在热论大师。我认为国内现在大师的标准滥，滥在哪里? 不知道什么是大师。我认为一个知识分子，不应该仅仅通晓自己本专业的事情。知识分子的一个重大使命，是要为整个社会的发展，拨正前进的航向，对整个民族的文化，始终带有一种批判的精神，使这个民族落后的东西被扫除，新的东西被接纳，这是知识分子的重要使命。一个没有思想、没有见解的知识分子，算不得知识分子，那就更加算不上大师了。

看一看这些年被称作大师的有很多人，钱锺书是其一，你去看他的《管锥编》，他可以把古今中外所有文化融入他的一本书里，来论证一件事情，实在了不起。他有超强的记忆力，他具有很多的知识，但是唯独没有他自己的，他没有自己的见解，没有自己的认识，这样的人，只有“知”没有“识”。另外，还有一位被称作大师的季羡林，精通十多个国家的语言，研究吐火罗语，是世界上极少能做此研究的学者，但是我也看不到他自己的思想，这是非常遗憾的。一个真正合格的知识分子，要关心这个民族的命运，要对这个民族的发展和文化进行反思，进行批判，这样的人才称得上大师。新中国成立以后，我认为只有两个人够得上这个称号，一个叫顾准，一个叫李慎之。

中华民族要真正站立起来，光靠钱是不行的，还要有一种精神、一种价值，要有一种信念。所以重建中华民族的思想和文化，是我们现在最最重要的一件事情，要补课，要呼号，要正确地认识我们的祖先，只有这样，我们才能知道往哪里走。

精彩问答

问：您讲这些话，仁人志士愿意听，普通的老百姓主要打网游，可能会说："这与我们有什么关系？"我们现在用什么方式，来建立起知识分子与民众之间的联系？

答：这是个很重要的问题，老百姓关心的是民生，知识分子关心的是民主，民生和民主是两个不同的概念；对普通百姓来讲，活着是生存，对于知识分子来讲，活着是发展，这是两个不同的价值取向。不能因为所有百姓的这样一个价值取向，而忽视了我们这个民族的发展取向，这是两个不同的事情，不能搅在一起，老百姓要活得好，我们的民族也要有发展的余地，应该说读书人干读书人的事情，老百姓干老百姓的事情，这两者都需要政府给予扶助，所以一个好的政府，应该在这两方面都可以满足。

改革开放以来，我们让老百姓的生活富足，但是富足的老百姓，端起碗来吃肉，放下筷子骂娘。实际上他在看着自己吃肉的时候，他发现别人比他还好。没有一个社会做到真正民主平等，但是你可以大致地享受民主和平等。我认为这些东西还是要靠一种价值理念来培植和发展。吃穿用，这是生活，我们靠着这些物质的追求可以活下去。但是一个人，不是靠着物质的生活就能产生精神的追求，这个精神的追求，一定要靠自己的努力和奋争，才能逐步实现。百姓从生活当中产生的价值需求，和知识分子所产生的终极关怀，应该还不完全是一样的东西。应该说把百姓的认识和知识分子的认识衔接起来，是我们进行教育、进行宣传的一个很重要的工作。不知道这样回答，是不是能回答你的问题?

中美正在打一场经济战争

自从中国加入WTO以来，中美之间出现了一系列奇怪的现象。在两国政要的频繁互动背后，我们看到的是：首先，中国成为WTO成员国中遭遇反倾销控诉最多的国家，我们用政府的补贴和打工仔的超低工资生产出的廉价商品，供应给发达国家，使他们的中下层人民过上了体面的生活，反而有罪，成了他们起诉的对象；其次，美国国会在2005年通过了参议员查尔斯·舒默的议案，态度十分粗暴强硬地要求人民币升值，而且提出的升值比例奇怪地高达27.5%，我们答应了美国的要求，人民币已经持续升值了近20%，造成大批出口企业破产倒闭，出口急速下滑；最后，在美国纽约期货市场石油价格大幅上扬的带动下，所有中国需要的稀缺战略性资源价格都瞬间走高，例如铁矿石。所有这些现象最后都汇合为一个结果，那就是中国不得不为此付出巨大的发展代价。

有学者说，中国要发展，不可能不付出一些代价，并以此作为对上述问题的解释。但是这些现象背后所隐藏的动机，却不是这样一句轻描淡写的解释所能解释的。我们看到，在中国大量地持有了美元外汇储备，美国在强硬地要求人民币大幅升值的同时，却又在悄悄地大力发行钞票，让美元贬值。这一升一贬之中，美联储究竟吞噬了多少中国打工仔辛勤劳动的血汗钱，有没有人做过统计呢？当中国日益成为世界的制造大国时，我们所需要的那些稀缺的战略性资源的价格都在飞速地上涨，石油和铁矿石的上涨速度让全世界为之目瞪口呆。现在是：中国出口什么产品，什么产品便宜，中国需要什么东西，什么东西贵，这已经成为世界贸易中的一句箴言。联想到十多年前，中国为了摆脱进口石油都要经过马六甲海峡这一战略瓶颈之地，而与俄罗斯谈判进口石油，修筑中俄石油管道时，被日本第三者插足，以泰纳线取代了安大线的事情，不能不使人们产生一些思索：日本究竟要做什么？日本从俄罗斯进口石油，并不比买中东的石油便宜，且要为铺设油管支付65亿美元的代价。为何呢？原来日本是与美国在战略上联手，力图切断中国由西部和北部获得石油的所有通道，逐渐将中国逼进那个狭窄的马六甲，这样一旦发生战事，美国舰队驶入马六甲，就可以从根本上切断中国的石油输入，而没有石油，中国要想赢得战争的胜利是根本不可能的。

据美国有关机构调查，美国参议院中有46%的议员认为中国是美国未来强大的对手，主张对中国实行制约政策。只有不到19%的议员认为中美两国应该加强合作，发展友好关系。早在毛泽东时代，中国政府就寄希望于美国人民，多年来我们一直致力于做美国人民的工作，到今天我们突然感觉到：原来人民是说了不算的，说了算的不是人民而是政府。美国那些认为应该对中国实行制约政策的议员，之所以这样考虑问题，是基于以下简单的事实：过去中国是美国的敌人苏联的朋友，今天中国是美国的敌人穆斯林的朋友。中国总是要做美国的敌人的朋友，所以对中国实施制约政策便成为他们合乎逻辑的选择了。

今天美国爆发了大规模的金融海啸，中国政府拿出了近二分之一的外汇储备，即一万亿美元给了美国，不是买美国的国债就是买债券，帮助美国政府恢复经济，渡过难关。就在我们大量援助美国的时候，美国却把大批的军火卖给了中国台湾地区和印度，来完成对中国的战略包围。想想吧，我们都做了些什么！

这是一场没有硝烟的战争，在我们政府的各个部门那里，表现出的是一个个具体的经济难题。受到政府重用的海归们似乎正在用把中国和美国捆绑在一起的办法来应对危机。不要忘了，美国是绝对不会希望一个新的能够日益取代他的力量崛起于世界的东方。面对美国不负责任地滥发美元，透支消费，最后却是让中国和全世界人民来为他买单时，我们是如何表态呢？我们只是悄悄地说：希望美国政府要保证中国在美资产的安全。这样能吓住美国吗？我们为什么不能停止增持美国国债，为什么不能大声地对美国说：你再不改变，我将抛售美元！究竟我们怕什么呢？学学穆斯林兄弟吧：你就是块石头，我就是个鸡蛋，老子撞你一身黄！

中国传统文化与现代化

党的十四届六中全会做出了《关于加强社会主义精神文明建设若干重要问题的决议》，这是我党新时期思想文化建设的纲领性文件。《决议》指出："如何在扩大对外开放，迎接世界新科技革命的情况下，吸收外国优秀文明成果，弘扬祖国传统文化精华，防止和消除文化垃圾的传播，抵御敌对势力对我西化、分化的图谋，这是在社会主义现代化进程中必须认真解决的历史性课题。"党的十五大报告又进一步强调：弘扬祖国传统文化精华，不仅是精神文明建设的关键，而且是建设有中国特色的社会主义现代化的前提条件。所以，中国文化如何走向现代化，就不能不引起我们的认真思考。

一、传统与现代的纠葛在思考中国文化如何走向现代化这一重大课题时，方法论原则的确定至为重要

在这方面，唯物辩证法给我们提供了很好的方法指引。在唯物辩证法看来，一切事物和现象都是作为过程向前发展的，"一切发展不管其内容如何，都可以看作一系列不同的发展阶段，它们以一个否定另一个的方式彼此联系着。”[①]事物的发展过程，都是一个辩证的否定过程，一个扬弃的过程。文化的发展，传统的继承，同样不是例外。中国人有一份丰厚的文化遗产，在这一点上，比起其他民族来，我们要幸运得多。然而一个多世纪来，中国人所面临的是民族文化与西方文化双重压迫下的痛苦选择。在这里，人们对传统的眷恋、对民族前途的关心和对异质文化的抵御，本能地交织在一起，使近代中国人尴尬的悲剧性历史一演再演。尽管百年来的民族历史一再呈现不尽如人意的状况，但是，有良知、有血气的中国知识分子从未停止过对民族命运的关切与思考。

（一）文化：传统与现代

文化是一个绝大的题目。广义的文化既包括社会的精神财富，又包括社会的物质文明成果，举凡人类的一切创造物，都可纳入文化的范畴。从狭义上说，文化是人们在改造自然环境中所获得的品格、行为和方法，以及由此所积累起来的意识、风俗、礼仪等精神复合体。讲文化，既有对传统文化的估价问题，又有对现代化的理解问题。目前，越来越多的人倾向承认文化的多元论，不仅承认文化起源上的多元论，而且承认在文化的现代化上也是多元的。

“五四”以来所有关于文化问题，都是环绕着西方现代文化

① 马克思，恩格斯. 马克思恩格斯选集[M]. 第1卷. 北京：人民出版社，1972:376.

对中国传统文化的冲击这一主题展开的。在一般人的观念中，中国文化与现代生活是两个截然不同而根本对立的实体。前者是中国几千年来积累下来的旧传统，后者是近几百年才出现的一套新的生活方式，且源于西方；前者是建立在迷信和权威之上，后者是建立在科学和理性之上。在这一观念的影响下，人们自然产生了两种截然相反的观点和态度：一种是主张全盘西化，认为中国传统文化是现代生活的阻碍，必须加以清除；另一种则极力维护传统文化，视西方东来的现代生活方式为中国祸乱之源，破坏了传统的道德秩序和社会安定。几十年来，关于这个问题的争论一直没有停息，没有得到最终解决。人们一直认为文化的唯一特性是它的时代性，因为社会总是按照一个模式向前发展，所以文化的不同就是时代的不同。看来解决上述的争论，必须首先明确何为中国文化传统？何为现代化？

"现代化"与"近代化"在西方语汇中本是同一个概念，在英文中只是一个词：*modernization*。中文之所以把它分开，是国内史学界为了划分新、旧民主主义革命两个历史阶段，而以"五四"运动为标志做了区分。其实，无论"现代化"还是"近代化"，都是相对于传统的农业社会而言。换句话说，走出中世纪的同时，也就是现代化进程的开始。

长期以来，西方学者所说的现代化，实际上是17世纪以来以西欧和北美的社会为标准的。这种认识传到中国，现代化便成为接受西方的价值体系，于是现代化等于西化。其实在今日的现实世界中，我们找不到任何一个具体的西方现代生活方式是十全十美的，是可以照搬套用的。英、美、德、法各国尽管同属西方，其发展仍多差异，各具独特的历史传统，有些特征不但不能一一适合其他非西方国家，而且早已引起西方人自己的深切反省。所以说，现代化不能等同于西化，已是非常明显的事实。

就现代化的内容来说，不分东西方国家，其基本方面都是同一的。可大致表现为以下五个方面：

1．在经济方面，传统经济是小规模生产，目的是创造使用价值；现代化是大工业生产，创造的是交换价值，它受市场的制约。

2．在政治方面，西方工业革命的同时，许多国家废除了封建专制，走向代议制；经济领域的革命要求政治现代化，二者形成了非常密切的联系。

3．在教育方面，现代化是以科学技术的高度发展为前提，所以它更注重人的教育。西方现代化的发端，与中世纪晚期教会学校培养了一大批科技人才，宗教改革和文艺复兴运动把人从中世纪的桎梏下解放出来，唤醒了人们的主体性和创造性不无关系。这一过程，是人被重新发现的过程，是人由愚昧走向理性之途。

4．在社会生活方面，传统社会的生活舞台是农村，现代化则是把农民从乡村赶到城市。家庭结构开始解体，小家庭独立；血亲关系和宗法义务日渐松散；女人的法权地位和社会地位发生改变；人与人之间的关系越来越趋向平等。现代化把人们从传统的封闭型社会带到一个开放的世界。在这个新的世界中，家庭的作用在减少，社会的意义在增大；从民族的高度看，虽然近代民族国家发端于西方，但恰恰在这些地方，民族的作用正在减少，国际的意义在不断增大。在这个新的世界中，凡是凸显民族主义的国家，多半是发展中国家。

5. 在人的心态和价值观方面，人们更加看重自我，力求通过自身的努力去实现自我的价值，所以现代人的普遍心理是不满足，不甘现状。而在传统社会里，自身价值为群体所掩盖，强调的是集体主义，是安于现状，是知足常乐。

什么叫传统呢？传统实际上包括时间的全部：过去发生了，流传到现在，并且影响着未来的那些东西。简单说，传统不单单是遗产，而是又投入了再生产的遗产。同时，传统又是各种文化类型的基本核心，或曰核心精神。任何一个民族的精神，都可以理解为这个民族的文化传统，它包括行为模式、思维方式、生活情趣、价值观念等等。物质化和制度化的东西，可以通过革命，在一夜之间解决问题，但作为精神力量的文化传统，却不是在短时期内能够消除的。它既是古人所订立的文化规范，又是后人所依傍的心性寄托。

（二）传统文化的结构与变迁

如果对传统文化做结构性的解剖，那么它可以分为三个层面：最外面的一层是物质的部分，表现为人们日常生活所接触的各种器物；中间一层是心物结合的部分，表现为社会生活中的制度和习俗，这是物质化了的意识；最核心的内层是心理的部分，表现为人们的思维方式和意识形态。通常情况下，自然科学的大部分成果体现为文化的物质部分，社会科学研究的对象表现为制度和习俗，而人文科学研究的对象则是心理和意识的部分。

从历史的角度观察，西方文化对中国文化的冲击，也是按照这三个层面，由表及里逐步展开的。近代洋务运动所学习的是西方的器物，戊戌变法所改变的是中国的制度，而五四运动时所冲击的则是传统的思想文化。近年来改革开放所走过的道路也印证了这一点。随着全党工作重心的转移，人们抓经济首先看到的是国外的先进技术、设备和资金，“三来一补”、中外合资，解决的多是物质层面的需求；接下来进行的是经济体制的改革，要解决由计划经济向市场经济转轨的制度层面的问题；现在进行的精神文明建设，涉及的乃是思想文化的变迁。大体说来，物质的、有形的东西变迁较易，而无形的、精神的内容变化则难。

世界上任何一个民族都会有自己的文化传统，因为有文化就会有传统，文化的积累就是传统。传统支配人们的习惯，可以使人不假思索，正如每个人都会有些无意识的行动一样，整个民族的集体无意识行动就是传统。它构成一个民族文化的核心力量，会始终贯彻在民族的观念和行为之中，而成为一种习惯。由此说来，文化传统实际上根本不存在什么继承不继承的问题。问题的关键不在于继承或发扬什么东西，而是要解决文化传统与现代化的关系，这也就是我们今天所说的，什么是中国特色的问题。

在传统与现代化的关系问题上，我们的头脑中常常有一思维上的死结：一方面，要创新就必须突破传统，只有在批判传统的基础上，才有创新的可能。社会每前进一步，就是对传统的一次否定；另一方面，创新又绝非无根底的东西，一切创新都离不开传统。历史上新旧两派人物常各执一端，争论不休。中国历史上的统治者最善于利用这一点，每当要推行自己的一套理论观念，便大力反传统，反复强调一个“新”字；而当他们面临一种新的思潮或新的做法的挑战时，为维护既定的社会秩序，又常常搬出传统来做抵挡。

传统与现代化的关系，不在于要不要传统，而在于怎样理解传统。从理论上说，人是文化的产物，而文化的积淀就是传统，由此，人也是传统的产物。人活在世上，同时也生活在祖祖辈辈为我们创造的文化传统中，所以，人不可能离开传统。从根本意义上说，传统是打不倒的，也是无法铲除的。要想铲除一个民族的文化传统，唯一的办法是铲除这个民族。

在任何民族的文化传统中，优点和缺点都是浑然一体的，优点掺和着缺点，负面牵连着正面，呈现这些缺点，正因为具备了那些优点。当现代化浪潮袭来时，首先被冲刷的是文化传统表层那些显然不合时宜的东西。但传统不仅裸露为表面物，还凝聚成种种制度和习俗，更深藏在人们的心理结构中。所以现代化必须以传统为基础，传统必须以现代化为目标。不然的话，到头来我们所实现的绝不会是现代化，恐怕是一种没有殖民者的殖民地化。

任何民族的文化都有时代性，不能用绝对的标准去衡量，不能用今天的标准去衡量昨天的事情。对历史的评判，必须考虑到这个评判本身也是历史的。正因为一切历史的认识本身都是历史的，所以都有其时代的局限性。

在文化的时代性内容中，那些代表进步方向的内容形成时代精神；在文化的民族性内容中，那些代表生命力的内容形成民族精神。时代精神改变着民族精神，使其具有新的面貌；民族精神影响着时代精神，并左右它的行程。时代精神对于更高的时代来说，可以成为时代局限性；民族精神对于其他民族来说，可以成为民族局限性。以时代性论，各个不同文化可以比较，也可以评价，可以评出文化发展上的先后；以民族性论，各个不同文化可以比较，却不能评价，不能评出民族文化的孰优孰劣来。由于文化有时代性，所以有文化的现代化问题；由于文化有民族性，于是有文化的传统问题；由于文化既有时代性又有民族性，所以任何一个文化的现代化都是自己传统的现代化。中国应该有自己的现代化道路，中国正在创造自己的现代化文化。所谓"自己的"，就是民族性的。

二、传统文化的凋零与转折

（一）近百年来文化的激荡

当历史进入20世纪的时候，人们常把由西方和日本传入的学问称为"新学"或新文化，而将中国自己的传统文化叫做"旧学"或旧文化。新与旧的区分和新与旧的替代是20世纪思想文化领域中革命的大事。自上个世纪中西文化开始撞击和交汇之后，西学东渐，由器物而及于制度。然而，淮橘为枳，在西方卓有成效的东西，到了中国却总是全然不成模样。其根由何在？当革命派效法孟德斯鸠、卢梭、华盛顿的理想被军阀统治的丑恶现实撕成碎片之后，向西方寻求真理的人们开始由器物和制度的层面揳入到文化心理的层面，从中西之间的形而下的比较进入到形而上的思考。1923年，梁启超在《五十年中国进化概论》中说："革命成功将近十年，所希望的件件都落空，渐渐有点废然思返，觉得社会文化是整套的，要拿旧心理运用新制度，决计不可能，渐渐要求全人格的觉醒。"①这段话说明了"辛亥"与"五四"之间的内在联系：由辛亥革命所唤起的中国革命的希望，同民国初年中国社会的黑暗之间形成一种巨大的落差，巨大的落差产生了巨大的波潮，于是有了新文化运动。

新文化相对旧文化而言，是对千百年来历史积淀而成的旧文化的扬弃和超越。"五四"新文化运动出现于洋务运动、戊戌维新和辛亥革命之后，既是由此前70多年的历史呼啸而来，又是对这段曲折历史的深刻反思。其实，对传统文化的批判并非始于"五四"，早在戊戌时期，何启、胡礼垣和谭嗣同就对传统文化进行了猛烈的抨击。但这时的批判与变法相联系，多着眼于政治，与"五四"有所区别。辛亥革命推翻了清王朝之后，旋因袁世凯的帝制复辟活动而变质，"民国"因重蹈改朝换代的覆辙而归于流产。共和革命受挫的时局，再度凸显了维新派"改造国民"的启蒙主题。而民初尊孔复古思潮的兴起及其与复辟势力的合流，则成

① 梁启超. 饮冰室合集[M]. 北京：中华书局，1989.

为启蒙运动的催化剂。孔教运动与帝制运动的联姻，对儒学的影响是灾难性的，它使儒学引火烧身而成为腐朽的王权政治的殉葬品。于是，排孔遂成为观念形态革命的起点。

孔子是中国传统小农社会的精神象征，是两千年来中国思想界的最大权威。自汉武帝表章六艺，罢黜百家以来，孔子的形象虽历经改塑，但孔子学说的实质却一脉相承。在两千多年的历史里，孔学因与皇权结合而政治化，皇权因与孔学结合而伦理化。在这个过程中，贬抑皇权者代有人出，但正面非孔者却绝少；皇权虽不断更迭，而孔子的权威却日益稳固，从未动摇过。他由诸子百家之一而被定于一尊，又由一尊而被奉为“大成至圣先师”；他的思想、理论、学说被封为“万世之至论”，成了“斯文在兹”的象征；不仅支配着民族的认识、思维和社会行为，而且溶化浸透到国民的价值信念、情感态度、观念意识和风俗习惯之中，与民间生活浑然一体，无所不在，成为国民文化心理结构的重要因素。儒学与皇权的紧密结合而形成的政教合一结构，已经注定了儒学在近代中国的历史命运。如果说道统与政统合一使儒学在古代中国依托王权而兴盛，那么晚清西风东渐所带来的传统社会结构的连锁危机，也就不可避免地造成儒家文化难以冲破的困境。

（二）“五四”：新文化的诉求和精神特质

“五四”以来，民主与科学成为两个至高无上的东西。讲求新学的人们认为：中国的传统文化产生不了民主与科学，只能是它的最大障碍。所以，“五四”的领袖们便彻底否定了旧学，直接向西方寻求救国的真理。“五四”追求民主、科学，反对孔教迷信的伦理革命，突破了清末“中体西用”论的樊篱，它以西方现代性为坐标，对中国传统文化进行了“价值重估”，从而推动了文化转型的进程。但在另一方面，新文化运动作为中国回应西潮的现代化运动之历史链环，又不能不具有其历史的局限性。身处救亡图存历史情境中的启蒙知识分子，受救亡之“富强情结”的支配和社会保守势力的刺激，其西化和反传统的激进主张不可避免地具有先天的理论限度和内在矛盾。他们把中国文化的现代化视为一个与传统决裂的“西化”过程，一个以欧化代替传统的除旧布新的“文化革命”过程。正是这种简单化的“全盘西化”和反传统理论，使启蒙陷入了难以自拔的困境。

新文化运动是以欧洲启蒙理性主义为蓝本，是要在中国推行“全盘西化”，但遗憾的是，它从西方移入的“民主”与“科学”的新文化模式其实并不代表近代西方文化的全部。西方文化至少还应包括终极关怀层面的基督教。而脱胎于中国精神传统的“五四”知识分子，其儒家式的入世理性主义性格先天具有非宗教倾向，倒是更多地表现了与西方实证主义思潮的亲和性。启蒙学者的反宗教态度，因空阙了终极关怀的层面，而使“全盘西化”有名无实。这一阙失暴露了“五四”“民主—科学”启蒙文化模式的深刻困境。

近代中国是一个风云激荡的“革命世纪”，激进现象是“革命世纪”特定的历史景观。从辛亥的政治革命到“五四”的伦理革命，又到20世纪20年代的国民革命，再到60年代的“文化大革命”，政治激进与文化激进波澜叠起，交相牵引，汇成20世纪中国激越的革命交响曲。文化激进主义作为百年中国持久的思想现象，其兴衰消长具有周期性延续的特点。可以说，这种现象归根结底属于现代化的挫折反应，其恒久的魅力体现的是中国现代化运动的曲折性。

“五四”运动是20世纪中国思想文化领域内一件翻天覆地的大事。“五四”运动的先驱者们，为了在中国建立“民主”与“科学”，开展了对中国传统文化的彻底批判。他们反儒家的伦理道德，寻求“平等”；反士大夫的社会精英身份，寻求“民主”；反士绅文化的文言文，提倡大众文化的白话文，为马克思主义在中国的传播创造了条件。“五四”运动的伟大功绩在于突出强调了文化的时代性，并指出在文化心理方面应该树立批判精神，从而在中国呼唤出了一个文化建设的新时代。

如何看待民族的文化传统，不仅涉及思想方法，还有一个民族自信心的问题。今天世界上最坚强的精神力量，既不是来自某种共同的阶级意识，也不是出于某一特殊的政治理想，唯有民族文化才是最经得起时间考验的精神力量。中东地区持续已久的冲突，就充分说明了这一点。历史悠久的中国文化，具有强大的生命力，外来文化对于它只能补充而不能取代。英国统治香港100多年，他们把西方文化全盘移植到香港，但至今无法取代东方文化，香港社会仍然保持了不亚于内地的民族文化传统的成分。同时，任何一个民族、国家或地区，只有在保存本民族文化传统的前提下，努力地吸收外来文化的精华，才会形成新的优势和活力。

新学和旧学的纠缠与争执，从世纪之初持续到世纪之末，从“打倒孔家店”到新儒家学派的崛起，这中间经历了多少人事和世事的蹉跎沧桑。思想文化界激进与保守的生死搏斗，波潮迭起，一时间“惊涛拍岸，卷起千堆雪”，到今天留给我们值得思考的东西实在太多了。

三、中国文化与21世纪

（一）中国文化的价值选择

观念形态的文化系统总是以价值观为其核心。作为中国传统文化的主流，儒学的深层意蕴也同样体现于价值观，这主要表现在“仁”道的观念之中。儒学的开创者孔子提出了仁的学说，并以“爱人”界定仁。孟子进而将性善说（人皆有“不忍人之心”）与仁政主张联系起来，从内在的心理情感与外在的社会关系上展开了孔子所奠定的仁道观念。在汉儒的“先之以博爱，教之以仁”①、宋儒的“民吾同胞，物吾与也”②等看法中，仁道的原则得到了更具体的阐发。

相对于儒家对仁道的注重，西方哲学家似乎较多地考察了正义的原则。柏拉图的《理想国》将正义列为中心的论题。按柏拉图的观点，就内在的德性而言，正义在于理性、情感、意志诸方面之间的合理定位；就外在的原则而言，正义则意味着“干自己的

---

① 汉代. 董仲舒.《春秋繁露·为人者天》.

② 北宋. 张载.《西铭》.

事”而不彼此越位，这里既包含着社会不应干预人的要求，又有个体之间应各行其是而不彼此干涉。亚里士多德进而将正义理解为每一个体都能得其应得。从正面看，得其应得也就是实现个体所具有的权利，其内核是对权利的普遍尊重和确认。这种原则体现于主体间关系，则既表现为主体对自身权利的肯定，又展开为交往双方对彼此权利的相互尊重。正义原则总是涉及利益的公正分配，并相应的关联着现实的福祉。

不过，正义原则体现的合理性更多地带有形式化的特点，它固然似乎公正不偏，但又是无人格的、冷峻的。仁道的基本精神在于尊重和确认每一主体的内在价值。它既肯定主体自我实现的意愿，又要求主体间真诚地承认彼此的存在意义。孔子以爱人规定仁，孟子以恻隐之心为仁之端等等，无不表现了对主体内在价值的注重。这里不仅蕴含着人是目的的理性前提，而且渗入了主体间的情感认同。现代化的过程诚然离不开正义的原则，但仅仅关注于对彼此权利的尊重，则往往很难避免主体间的紧张和存在意义的失落；当主体间只是一种权利关系时，人便片面地呈现为一种法理意义上的存在，而人是目的这一规定亦常常因之而模糊，西方现代化过程所出现的种种负面后果，已在这方面对人们做了深刻的警示。在重建合理性、走向健全社会形态的过程中，儒家仁道原则无疑构成了重要的精神资源：它可以从价值观的层面，提示我们时时以人本身为目的，并进而实现人的存在意义。

仁道的原则既要求主体关注自身的存在意义，又要求通过主体间存在价值的相互确认而走出自我、打通人己。因此，它总是逻辑地指向群己关系。以肯定人的内在价值为前提，儒家注重成己与成人的统一。成己意味着达到完美的人格，它所追求的，是人的自我实现；成人则蕴含着群体的关怀，它所体现的，是个体对社会的责任意识。事实上，仁道原则与群体原则的统一确乎构成了儒家价值体系的重要特点。相对于儒家的这种价值取向，西方哲学家似乎更注重正义原则和个体原则的统一。柏拉图的《理想国》已明确表述了如下观点："正义就是有自己的东西，干自己的事情。"①而对个体权利的尊重，同时亦内含着对个体原则的肯定。在近代以降的西方文化演进中，它对走向现代的历史进程无疑产生了不可忽视的作用。然而，个体原则如果推向极端，亦往往容易形成自我中心等思维定式，并由此引向个体之间的对抗。儒家的仁道原则与群体原则相统一的思维取向，在经过转换以后，无疑有助于抑制现代化过程中自我中心等负面的后果。

大体说来，中国人的生死观是"人与天地万物一体"观念的延伸。在中国民间信仰中，有"魂"和"魄"的观念，分别代表天地之气。魂来自天，属阳；魄来自地，属阴。前者主管人的精神知觉，后者主管人的形骸骨肉。天地之气聚则生，天地之气散则死。魂魄散后，一上天，一入地。（长沙马王堆汉墓出土的帛画，就很清楚地表现出这种分野）这种思想的可贵之处，在于不依赖灵

① 柏拉图. 理想国[M]. 北京：商务印书馆，1986:155.

魂不朽而积极肯定人生。

中国文化的特点，既不把人从人际关系中孤立出来，也不把人与自然对立起来，即如《礼记·礼运》"人者，天地之心也"，便体现了一种"天人合一"的人文精神。文献中最早出现"人文"的概念，始见于《易经·贲·象》："观乎天文，以察时变；观乎人文，以化成天下。"这种人文精神在儒家理念中的集中体现，便是"修身、齐家、治国、平天下"。此外在道教中，也体现了这种"以人为本"的精神。道教追求的最高目标，不是死后回到神的左右，而是活着就要自己成仙。仙的设定，充分体现了道教的人文精神。人文精神是中国文化区别于西方文化的关键所在。

在儒家的价值系统中，仁道原则同时涉及天人关系。对儒家来说，人的价值，首先是相对于自然的存在而言。荀子已明确指出了此点："水火有气而无生，草木有生而无知，禽兽有知而无义。人有气、有生、有知，亦且有义，故最为天下贵也。"①人是对自然的超越（走向文明），在此构成了确认人之为贵的前提。不过，超越自然，并不意味着天与人的相分。儒家在肯定人文价值的同时，亦注意到了人与自然的联系。孔子也提出了"则天"的主张："唯天为大。唯尧则之。"②则天意味着对自然之道的尊重。从这方面看，早期儒家已表现出统一仁道原则与自然原则的趋向，所谓天人合一，亦同时包含着对仁道与自然的双重确认。也正是在这方

---

① 《荀子·王制》

② 《论语·泰伯》

面，展示了儒家仁道原则与近代人道原则的不同特点：人道原则多少蕴含着某种人类中心的取向，仁道原则在肯定人的内在价值的同时，亦要求扬弃天下与人的对峙，所谓“仁者与天地为物为一体”，便表明了这一点。

中国文化的人文精神还表现在政统与道统的分立方面。政统和道统是一个国家社会生活中规定人们行为和思想两个方面的规范。政统涉及人们的行为，是政治、法律方面的一套东西；道统涉及人们的思想，是伦理道德和思想意识方面的东西。在政统中，君权是神授的，官吏则走科举之途，君王和知识分子的关系是君臣关系。在道统中，由于中国历代的学术是靠少数学者以私人的身份来维持的，所以知识分子和君王的关系是师弟关系，谁掌握真理，谁是先生。按照中国的传统理论，道统本该在政统之上，因为学术思想较之政治是更具有根本性质的人类活动。在中国古代社会，政统和道统的这种相互牵制的关系，给社会政治秩序的稳定带来一种理性的希望。

中国是人类历史上绵延最长的文明之一，“中国文化”一词泛指象征中国人民在物质与精神成就上的兴衰起伏。做一个中国人的含义，是与中国这个地理政治概念及中国文化这一实体密切相关的。20世纪中国文化的建设显然是走了弯路的，以致在世纪末我们还要重新讨论文化传统的问题。这一切不能简单地看成是“历史的选择”，历史是人的历史，而非“历史”的历史。人是容易犯错误的，检讨历史，重新厘清我们走过的路，是为了记住教训，为了今后的历史发展不再走弯路。

(二) 中国文化的未来意义

科学的发展，解决不了人生的价值问题。现代西方社会创造了像人一样灵巧的机器，同时也造就了像机器一样无情的人。大工业的发展，使人的内心世界日益空虚。宗教、道德、艺术、文学、思想等都是为人生提供意义的活动，无论有无权势或财富的人，都同样需要一个“精神的家”。因为，人生中有许多遭际，如生老病死等，权势和财富在这些问题面前是无能为力的。这种精神资源必须通过长期不断的开发才能积累起来，临渴掘井是不济事的。目前看来，解决人类的心理问题或如何做一个人的问题，中国文化重视个人修养的传统会有独特的贡献。

由于长期以来世俗功利观念的影响，现在人们日渐以权势和财富的观点来衡量文化的价值，因而自然科学和应用技术受到普遍的重视，而人文学术则日趋式微。这其中原因在于，人们认为前者可以直接促进富强，而后者则非当务之急，以致这些年来的经济繁荣，带来的是酒食征逐、纸醉金迷式的感官享受，真正有深度的精神文化则未见有突破性的发展。如果一个人除了感官刺激之外，别无精神寄托之所，则不能不说是相当严重的问题。在精神境界方面，科学不是万能药，因为道德不属于科学的范畴，道德自有其精神的来源，这个精神来源主要是靠人类对自己的控制。忽视伦理，任技术、财富与权势日益刺激人的欲望，是目前世界的通病。人的欲望是永远难以满足的，只能一次比一次更大，长此以往，以利益为中心的社会，会出现一种恶性循环。要扼制这种循环，人必须对自己下一番功夫。因此，人文学科依然是我们必须尊重的。

中国人需要有一种合乎现代生活的文化精神，但什么才是我们所需要的这种精神呢？这是每一个中国人都必须考虑的问题。精神资源虽然可以从外面汲取，但只有在与自己的文化生命融合为一体时才会发挥真正的力量。文化的移植只能就个别因子而言，不能全面取代。事实上，历史也没有给我们提供全面取代成功的范例。所以，我们必须首先重视自己的文化传统。中国需要有新的人文传统，这是我们从世俗功利观念中超拔出来的唯一希望。

就整个中华民族而言，中国文化的基本价值并没有离我们而去，不过是存在于一种模糊笼统的状态中。中国人一般对人、对事、处世、接物的方式，暗中仍然有中国价值系统在操纵主持，但是这种价值处于不知不觉之中。一种文化价值系统，不经过自觉的反省和检讨，不经过弘扬发挥，便不能与日俱新，不能获得现代意义并充分发挥其创造的力量。如果不能把长期以来形成的对文化传统的不正确看法厘清，中国人在文化方面源于价值观念的混乱，必然会给我们正在进行的现代化建设带来困难，这应该成为目前精神文明建设所必须解决的问题。

文化的建设必须立足于学术思想的深厚基础之上，这是需要坚韧的精神和长期而艰苦的努力才能获得的。近代中国人有一种观念，把一切希望都寄托在政治变迁上。其实，政治是一种浮面的东西，它离不开学术思想的支持。两千年的历史说明，在学术思想未发生建设性的根本转变之前，政治是很难突然出现奇迹的。任何一个物质文明的创造，都有其精神力量作为后盾，作为原动力。一个国家要维持其物质文化的高度发展，就不能不维护其精神文化的原动力，不能不维持其对价值的意识，以及其统合过去和未来的一贯的思想能力。也就是说，要推广物质文明的创造，就必须在精神文明的领域内做出更大的创造，不仅使其文化传统发挥潜力，而且还应开辟新的文化理想和境界。

知识是宝贵的，但"知"和"识"是两个概念。"知"是知晓，是了解；"识"是认识，是见解。后者是比前者更高一个层次的东西。见解是人的一种自我意识，正是知识分子最可宝贵的东西。认识到自己是一名知识分子，就带有这种自我意识，就会产生一种历史使命感。在中国的文化传统中，知识分子的特殊地位就是坚守道统，为社会创造理论，总结过去，规划未来，这也正是知识分子得以安身立命之处。美国学者列文森教授说：近代中国知识分子的苦恼在于，他们在理智上是面向未来的，而情感上却留恋过去。那么，现在是到了将文化的民族性也提升到理智地了解的时候了，时代和民族都在期待着我们这样做。

恩格斯说："一个民族想要站在科学的最高峰，就一刻也不能没有理论思维。"[①]目前，我国正在进行的经济体制改革，是在缺乏一定的理论准备和心理准备的前提下发生的，因此，只能走一步看一步，这是迫不得已的现实。但是，我们不能因此而忽

① 马克思，恩格斯. 马克思恩格斯选集[M]. 第3卷. 北京：人民出版社，1998:467.

视理论观念和思维方式，即整个文化背景在改革过程中的重要作用。应该承认，改革以来最大的社会问题是：在每个人的生活中，愈来愈缺乏值得奉献的理由和理想。心灵上的虚无主义困境，使人们只追求眼前的快乐与利益，而失去了长远的理想目标。我们在向市场经济转轨的同时，上层建筑的保护带必须做相应的调整，不然的话，这种转型要么不能顺利完成，要么得到的并非是期望的东西。

甲午战争是日本唤醒中国的一记重拳

今年是中日甲午战争爆发120周年。这场战争，可谓中国近代史上一道惨痛的伤痕。从年初开始 ，各类反思甲午战争的文章、声音陆续见诸书籍报端，众声喧哗。甲午之败究竟败在何处，将给今日中国带来何种启示？4月19日，晶报记者就此专访了近代史专家、凤凰卫视时事评论员刘申宁，在刘申宁看来，甲午战争是促使中国加快近代化改革步伐的一记重拳，对今日中国的外交、国防建设等都有着重大借鉴意义。

晶报：今年又是甲午年，作为近代史专家，您怎么看年初以来关于甲午战争的诸多反思和探讨？

刘申宁：甲午战争作为1894年发生的一个重大事件，可谓近代海战史的开端，也是中国走向衰败的一个具有划时代意义的标志性事件。由于甲午战争的失败，中国彻底沦为半殖民地。由于中国被日本这样一个“蕞尔小国”打败，大清帝国的天朝颜面尽丧，促使国人开始反省中国面临的种种危机，严复的《天演论》唤醒了国人，再不振作，民族就要灭亡。从甲午的角度来探讨它的价值和意义，可以说从那时起一直未断，直到今天。特别是后来的抗日战争又给中国带来更大的伤痛。中日两国间的交道打了很多年，最近的钓鱼岛事件，使得东亚地区矛盾更加尖锐。在这样的一种背景条件下，当下国人肯定会思考，这120年，到底可以总结些什么？这样一种思考当然有着非常重要的现实意义和深远的历史意义。

对于甲午之败，有很多分析，大致可以分为以下几类。

一是认为甲午之败是制度之败。是一个中世纪的国家败给了一个现代意义的国家，当年日本已经进入资本主义，中国还停留在封建社会，这种失败是必然的。

二是认为当年中日同样向西方学习，中国只学到了器物，没有触及政治体制和思想文化，不像日本“脱亚入欧”那么彻底，日本的变化要比中国彻底，要快，由此导致了甲午之败。并由此得出结论，当今中国必须加快推进现代化，加快发展才能赶上去。

三是认为甲午战争败在中国军事制度落后，武器装备陈旧，军队训练不足，所以是失败是必然的。但是现在不同了，今非昔比，中国有了导弹、航母等现代化装备，必要时不妨打一仗，以振国威。

四是认为甲午战争败在没有现代的战略，没有海权思想。当年中国虽然有了水师，购买了军舰，但是没有现代战争的战略思考，没有海权观念。海权是什么？海权就是一个民族、一个国家通过海洋所能获得和实现的一切。这个看法在研究甲午战争的军队学者中有很强烈的反响。

晶报：这样的反思对今日中国有什么样的价值和意义？

刘申宁：今天回头看，甲午战争是促使中国加快近代化改革步伐的一记重拳，你不改革，就被人打了一拳，日本人用这一拳推动了中国的变化。试想一下，如果没有甲午战争，会有戊戌变法吗？也就没有五四运动。是甲午战争让中国迅速觉醒，它的历史作用在这里。

所以单纯去讨论战争胜败得失意义不大，如果甲午战争打胜了，举国依然昏睡，对国家进步有什么用呢？从社会发展和历史进步意义上，甲午战争起到了历史作用，甲午战争中国打败了有打败了的价值，吃了苦，上了当，今后吸取教训，就是好事。 我们不能仅仅从战争胜负的意义上看，长期停留在“国耻”的认识上，对我们没有价值，只能唤起国民的民粹情绪。

甲午战败的一个重要原因就是中国社会人心涣散。战争期间，各省的督抚有兵有钱却不去支援前线。威海卫陷落后，南洋舰队曾派人向日本海军请求归还被俘去的两艘舰只，因为这两艘战舰是北上参加水师会操的，而非参战，理应归还。可笑吧，南洋舰队竟然认为这场战争不关它的事！统治阶层也分为主战、主和两派，不能形成一致意见。其实在今天，我们对改革的认识也还不能完全统一，这里面涉及很多利益阶层，也有一些不同的看法，这要靠文化、靠思想来融合统一。

甲午战争还败在中国的统治阶层根本没有战略思维。中国所有的敌人都是从海上来的，朝廷却不重视海防，而把最大的一笔钱用在西北边疆。这是严重的战略失误，比贪污腐败的后果还严重。决策战略应该是在精英阶层讨论的问题，但整个中国却没有任何人有战略的思考。当时海防和塞防的投入总量是一亿两白银，海防只占了四分之一。如果这些钱都放到海防上，建立三个舰队，拥有60条战舰，那样中国的海军力量将超过英、德两国海军力量的总和，可以为中国建设起强大的海防。如果是这样，整个20世纪的历史要重写，可惜这笔钱用错地方了。近代中国的战争赔款总额高达12亿两白银，朝廷却舍不得拿出一个亿来建海军，这是制度腐败导致的后果。制度的腐败是根子，结出来的果是战略上矮化了自己。我们现在要考虑的是从战略上怎么把自己扶起来，这就是经验，这就是我们在今天反思甲午的重大意义。

此外，当时国人很封闭，北洋水师军官甚至李鸿章都看不到国外最新的重要书籍，如马汉的《海权论》。国家处在一个封闭的体系当中，什么都接触不到，这当然不行，如果有一个国家的思想比我们开放，走得比我们快，那么两国相遇，我们必然灭亡，这是速度问题。如果中国现在还继续用加强思想管制这种落后的方法治国的话，必然重蹈甲午之败。这也是甲午带给我们重要的启示。当初如果《海权论》能影响朝廷，远比上多少奏折有效得多。思想是不能禁锢的，这才是一个国家前进的希望所在。你要把世界上最先进的思想吸收了、消化了，才能走到最前面。

晶报：回头来看，中国的洋务运动或说同治中兴与日本的明治维新几乎是同时展开的，但这样的两场革新，却在中日之间结出了完全不同的文明之花。您怎么看这两场革新的不同走向？

刘申宁：应该说中国受西方文化的冲击要比日本早，1840年鸦片战争首先打开中国国门，那时日本还是幕府统治。到了1854年美国的舰队兵临东京湾的时候，日本没有打就投降了，所以日本接受西方文化要我们晚十年。但日本和中国不同，中国一直站在传统文化的角度排斥和抵制西方文化，日本则是在战败投降后立刻投向西方的怀抱，拼命向西方学习，出现很多政治家、思想家，比如福泽谕吉、伊藤博文、大久保利通等一批人，推动了明治维新，推动了日本的政体改革。“脱亚入欧”这种思想当时在日本很时髦。中国则不同，林则徐的“师夷长技以制夷”，只是学习洋人的技术来对付洋人，仍然是站在中国传统文化的理念上对抗西方文化。到了张之洞提出“中体西用”，也只是接受了西方文化的方法论，没有完全接受西方文化。一直到“五四”新文化运动，才提出“打倒孔家店”，用西方文化彻底改造中国文化。我们到现在还认为，这种改造对中国来说太剧烈了，所以这一百年中我们不得安息，出现了这么多问题。

中日两个国家走了两条完全不同的近代化之路。但很难说日本是成功的，它也走了弯路，走向了军国主义。我们在保持中国特色的基础上慢慢地走向西方文化，这中间也有很多波折。20世纪我们全部投向西方文化，用西方文化来改造中国传统文化，这种思潮一直发展到“文革”，演变成彻底打烂一切旧文化，这是一种文化虚无主义的态度。以至于到了今天，中国人想寻找中国赖以安身立命的文化根基的时候，找不着北。这一百年来，我们从中国文化的中心走了出来，又没有进入到西方文化的体系里去，只是在两个文化的边缘徘徊，四顾茫然，这是我们的教训。

西方文明的冲击在中日两国开出了不同的文明之花，很难用一种标准来论证中日所走的这两条路究竟谁是正确的，其实是各有问题，中日都走了弯路。但从甲午这场战争来说，因为日本比中国早一点走上现代化的道路，它取得了胜利。这就是说，当整个世界潮流涌向现代化的时候，早走一步，都很重要。

晶报：现在有不少人从同治中兴和明治维新这两场革新的比较上，来分析甲午之败。

刘申宁：如果仅从同治中兴、明治维新两场革新的比较来分析甲午之败，还是比较浅表的认识，甲午之败可能更是文化之败。比如日本的女孩，在明治时期，嫁给军人是最大的荣耀，生了男孩就会送去参军，这种尚武精神不是从西方文化来的，日本一直就是这样，原来的武士和浪人就是如此。中国没有这种传统，中国是崇文，主体的精神是儒家的温良恭俭让。所以简单地从两场革新来考虑，不一定能看清一个国家的历史命运，文化、习惯，人们的思维方式，都会对国家的发展有影响。

再比如甲午战争的时候，日本人拼命买国债、捐钱，国民都有一种要打赢这场战争的精气神，这是小国寡民的心态；大国就不会这样，当时朝廷把后宫的银两都拿出来了，但是百姓并没有捐钱，部分士绅捐了点钱，各地督抚的藩库里有钱也不给李鸿章，有一种自己吃饱了不管别人的意味。一个大国，如此的散漫，没有形成主人翁意识的民族心态，所以在这种情况下，日本有钱，中国没有钱。甲午战争日本打赢了以后，所有买国债的人都发财了，国民一片狂热。日本打了七个月的仗，国家赚了10年的钱，能不狂热吗？所以最终走向军国主义，如果不是这场战争日本打赢了，恐怕几十年后日本也不敢贸然发动侵华战争，日本的野心来源于甲午，日本这个民族在文化上和中国不同。一般来说，小国寡民容易形成一股狠劲，比如韩国。中国太大了，多年来的外民族入侵、朝廷政变和朝代更替，近代以来西方文化的影响，都导致中国了文化主体意识的缺失。大家已经麻木了，忙了许久，不知为了什么，有种四顾茫然的感觉。

晶报：作为国内较早进入甲午战争领域的专家学者，如果要用尽可能短的语言来概括甲午之败，您会怎么说？

刘申宁：甲午战争失败在体制，因为体制的问题，导致了战略的失误，制约了领导人的手脚。任何一个社会，不论什么体制，只要你不能认识到体制的弊端，早晚会失败。

晶报：李鸿章是甲午战争中的一个重要角色，他兴建了北洋水师，甲午战败后他代表中国签订了《马关条约》。梁启超曾说，李鸿章是被时势所造的英雄，而伊藤博文是造时势的英雄。您怎么看李鸿章这个人物？

刘申宁：伊藤博文在日本，他的任何意见都可以获得一致的拥护和赞赏，所有做法都受到天皇的支持，其他不同意见都会被政府压下，但是李鸿章行吗？在中国他受着朝野的制约，清朝权贵怀疑他是汉人，掌权对满人不利；即便同是汉臣，也都在盯着李鸿章，是不是在建立私人武装？是不是有什么野心？李鸿章就像是穿着重装铠甲在东奔西突，伊藤博文则是轻轻松松长袖善舞。如果伊藤博文生在中国也必死无疑，甚至比李鸿章还惨，因为他还不像李鸿章那样会玩政治权术，可以做到几十年不倒。中国政治就是翻烧饼，各路人马均是各领风骚三五年，这种政治环境，很难让能人出来。伊藤博文的那些关于国家改革的思想理念，在日本能受到拥护，如果放在中国会被骂死，那是“汉奸、洋奴”。郭嵩焘不就是这种下场吗？

李鸿章不是一个深刻的思想家，但他是一个了不起的政治家、战略家，外交能人，在当时无人能及。他并非中国士大夫所推崇的大儒，但他有能耐，能忍辱负重，凭自己的才华和眼界，被朝廷所用。一个时代出一个时代的英雄人物，但是无论哪个时代的人物都不能超出他所在的时代。李鸿章是那个时代最精英的人才尚且如此，遑论其他！在庙堂之上，苟且的都活得很好，不会被人骂；努力做事的，想不被人骂，根本没可能。这就是中国的悲剧所在。

（晶报记者　汪小玲　姜梦诗）

图书文化

《全民阅读推广手册》徐雁／主编

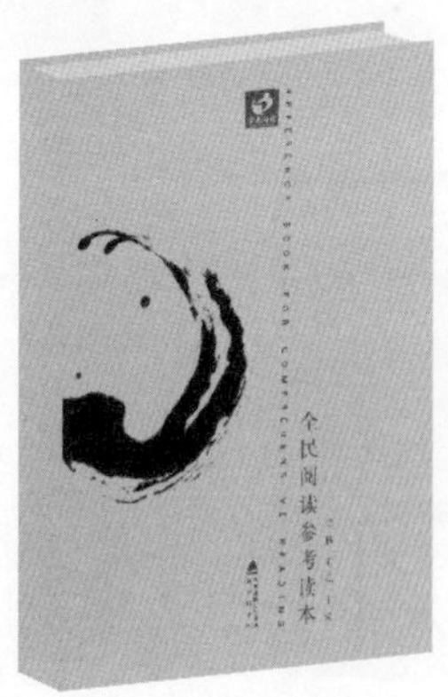

《全民阅读参考读本》徐雁　陈亮／主著

《纸老，书未黄》徐雁 / 著

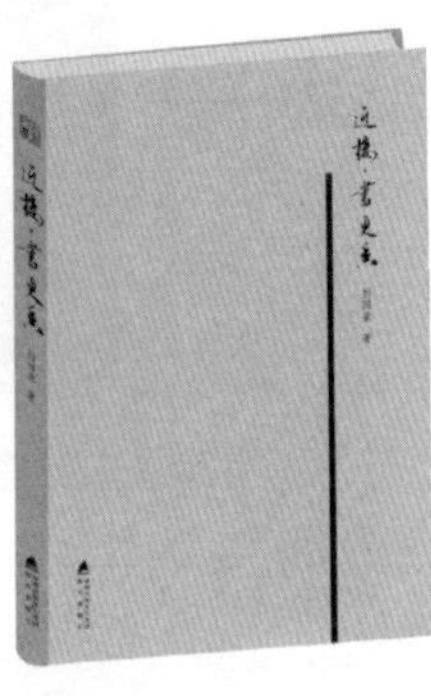

《近楼，书更香》彭国梁 / 著

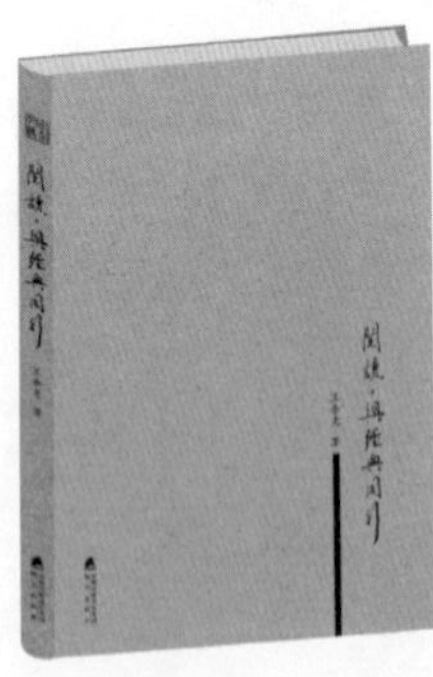

《阅读，与经典同行》王余光 / 著

《书香，也醉人》朱永新 / 著

《书香，少年时》孙卫卫 / 著

《域外，好书谭》郭英剑 / 著

《谈笑有鸿儒》刘申宁 / 著

《斯文在兹》吴晞 / 著

本色文丛

本色文丛是我社策划的系列图书，持续组稿编辑出版。丛书力图给喜欢品味散文随笔、全民阅读与图书文化、名人日记与学术札记、海外文化的人士，提供良书与逸品。

本色文丛·图书文化

《书香，也醉人》	朱永新著	29.00元
《纸老，书未黄》	徐　雁著	29.00元
《近楼，书更香》	彭国梁著	29.00元
《书香，少年时》	孙卫卫著	29.00元
《阅读，与经典同行》	王余光著	29.00元
《域外，好书谭》	郭英剑著	29.00元
《谈笑有鸿儒》	刘申宁著	29.00元
《斯文在兹》	吴　晞著	32.00元

《淘书·品书》	侯　军著	32.00元
《西风·瘦马》	沈东子著	32.00元
《书人·书事》	姚峥华著	28.00元
《闲人，书生活》	胡野秋著	即将出版
《文学赏心录》	杨　义著	即将出版
《文学哲思录》	杨　义著	即将出版

本色文丛·散文随笔（柳鸣九主编）

《往事新编》	许渊冲著	29.00元
《信步闲庭》	叶廷芳著	29.00元
《岁月几缕丝》	刘再复著	29.00元
《子在川上》	柳鸣九著	29.00元
《榆斋弦音》	张　玲著	29.00元
《飞光暗度》	高　莽著	29.00元
《奇异的音乐》	屠　岸著	29.00元
《长河流月去无声》	蓝英年著	29.00元
《青灯有味忆儿时》	王春瑜著	28.00元

《神圣的沉静》	刘心武著	30.00元
《纸上风雅》	李国文著	30.00元
《母亲的针线活》	何西来著	28.00元
《坐看云起时》	邵燕祥著	28.00元
《花之语》	肖复兴著	30.00元
《花朝月夕》	谢　冕著	28.00元
《无用是本心》	潘向黎著	28.00元

本色文丛·日记（于晓明主编）

《读博日记》	张洪兴著	31.00元
《问学日记》	王先霈著	26.00元
《文坛风云录》	胡世宗著	29.00元
《原本是书生》	于晓明著	32.00元
《紫骝斋日记》	马　斯著	31.00元
《梦里潮音》	鲁枢元著	31.00元
《行旅纪闻》	凌鼎年著	即将出版
《微阅读》	朱晓剑著	即将出版

《从神州到世界》　　张　炯著　　即将出版
《丹青寄语》　　崔自默著　　即将出版
《文坛边上》　　吴昕孺著　　即将出版
《书事快心录》　　自　牧著　　即将出版

本色文丛·海外文化

《半岛之半：居韩一年散记》
许　结著　　30.00元
《西行漫笔：一个远足者的异国寻觅》
王兰仲著　　29.00元
《哈佛周记》（暂名）　郭英剑著　　即将出版